Mi hijo va a ser feliz

Guía práctica para una educación especial efectiva

Amalia Tomlinson

eRIGINAL Libros Books

Publicado por Eriginal Books LLC
Miami, Florida
www.eriginalbooks.com
eriginalbooks@gmail.com

Primera Edición: Octubre 2011

ISBN-13: 978-1-61370-980-1
Library of Congress Control Number: 2011940510

Contenido

Mi más sincero agradecimiento y reconocimiento

Ante todo, a todos y a cada uno de mis alumnos y alumnas por permitirme trabajar con ellos y aprender cada día durante estos siete años de labor en escuelas públicas.

Así mismo, no puedo dejar de agradecerles a los padres de familia especiales por el privilegio de haber compartido conmigo sus dudas, esperanzas, sinsabores y alegrías.

Mi profundo reconocimiento a mi amiga Teresa Dovalpage, profesora en la Universidad de Nuevo México, en Taos, quien gracias a su valiosa asesoría hizo posible que se concretara esta idea que traía yo revoloteando desde hacía meses. Tere fue mi cómplice para "echar a andar" este proyecto, me apoyó en la organización de los contenidos, en su revisión, retroalimentación y en la publicación de esta, su guía práctica.

Cada vez que puedo le expreso mi agradecimiento a Marco, mi retoño, por otorgarme el privilegio de ser mamá. Mi agradecimiento a doña Josefina quien fue instrumento de Dios para darme la vida. Muchas gracias a mi esposo y compañero Kurt Tomlinson por sus sugerencias en la planeación de esta guía, hecha para Usted.

Finalmente, a mi fabulosa hermana María del Socorro G. Suárez del Real, "Coquis", a quien admiro profundamente por su entrega, dedicación y amor en su misión de Madre Especial, y por hacer que día a día Amadito viva un día feliz.

Gracias especiales a mi Amado Emmanuel, mi inspiración, a quien dedico este libro con todo mi amor.

Introducción

Como muchos niños, Amado Emmanuel vino al mundo después de haberlo esperado durante varios años. El orgulloso padre presenció el alumbramiento y sacó su primer video. Después dio instrucciones a su secretaria para que anunciara el nacimiento de su hijo. La familia entera se dedicó a difundir el acontecimiento. No cabíamos de la alegría.

Todo iba de maravilla: el médico dijo "todo bien", y "Coquis", la mamá, nos preguntó qué nombre proponíamos para el bebé. Pero, después de unas horas hubo desconcierto en los cuneros. Una enfermera les informó a los padres que el bebé no quería o no podía succionar. Los médicos dijeron que no se explicaban qué sucedía y recomendaron que el bebé permaneciera en el hospital para su observación.

Varios días después, una doctora les comunicó a Andrés y a Coquis que el diagnóstico de Amadito era daño cerebral severo. Tras la desgarradora noticia, la doctora salió de su consultorio y me pidió que le comunicara a la familia que los padres iban a necesitar mucho apoyo. Entré al consultorio y vi a mi hermana deshecha en lágrimas. Andrés también lloraba de manera desconsolada. Abracé a mi hermana muy fuerte, decidida a iniciar con ellos el viaje hacia un mundo incierto y desconocido donde lo único claro era la determinación de Coquis: ¡Mi hijo va a ser feliz! ¡No sé cómo, pero va a ser feliz!

Amadito tiene ya 9 años, un tiempo durante el cual los miembros de la familia han experimentado un cambio. Coquis y Andrés se han dedicado a trabajar arduamente tanto en terapias y tratamientos médicos, como en hacerle sentir a mi adorado sobrino que es parte de la comunidad.

Como psicóloga egresada de la Universidad Nacional Autónoma de México, inicialmente me interesé en la psicología social-comunitaria. Trabajé para el gobierno mexicano en programas de vivienda y regularización de terrenos, y en la coordinación de acciones de cooperación internacional, con organizaciones europeas que financiaban proyectos locales orientados a mejorar la calidad de vida de comunidades precarias en México y en otros países de América Latina. Fue así que obtuve una beca para concluir la maestría en Planeación Comunitaria en la Universidad Católica de Lovaina, Bélgica, y me desarrollé en el campo social.

Mediante la organización y conducción de talleres comunitarios, aprendí a admirar la participación, energía y tenacidad de hombres, mujeres y niños que durante años han luchado por tener un entorno digno. Familias de escasos recursos me enseñaron que todos ellos o ellas de manera natural poseen una sabiduría popular, y un sentido de organización y de desarrollo para el mejoramiento de sus barrios y colonias, a pesar de los gobiernos locales en México y en otros países de Latinoamérica. En algunos de esos países familias de escasos recursos económicos se han dado a la tarea de introducir servicios urbanos en sus comunidades, como agua, escuelas, transporte local, así como la regularización de sus predios, sus casas-hogares. Una experiencia similar la obtuve al trabajar con comunidades latinas en Chicago, en la organización de talleres orientados al conocimiento de los derechos de los trabajadores.

Debo decir que mi aporte al trabajo de planeación comunitaria con familias consistió en proporcionarles instrumentos y guías prácticas para la planeación de sus iniciativas populares y prioridades de desarrollo local. Esas funciones me recompensaron personalmente, porque fui testigo del poder de las familias cuando adquieren información sobre sus derechos y responsabilidades como ciudadanos locales y del mundo. Vi también su capacidad de gratitud y generosidad hacia sus amigos y, sobretodo, hacia sus seres queridos.

Luego, cuando Amadito llegó a mi vida, lo primero que me enseñó fue que su tía, "la internacional comunitaria", había ignorado a un sector muy importante de la población. Como nunca antes, mi mayor deseo fue serle útil a mi familia. Con cuatro mil kilómetros de distancia entre nosotros, mi aporte se generaba en el trabajo con niños y niñas con discapacidades severas. Sentí la enorme necesidad de aprender de ellos y de serles útil también a sus padres.

Empecé a trabajar, en principio, como maestra suplente de educación especial; al mismo tiempo tuve la oportunidad de concluir mi segunda maestría en Educación Especial en la Universidad de Nuevo México, en Estados Unidos. En la actualidad trabajo como educadora bilingüe, con alumnos con algún tipo de discapacidad en escuelas públicas de este país, y paralelamente, he tenido la oportunidad de participar con Coquis en su empeño por hacerle sentir a Amadito que es un integrante muy importante de su comunidad local y familiar.

Es sobre la base de mi práctica profesional, y de mi experiencia como tía especial, que me propuse escribir este libro: para los padres de hijos o hijas con alguna discapacidad. Tiene la finalidad de ser una guía práctica para los padres que de repente han tenido la necesidad de aprender a vivir en un mundo totalmente desconocido, y en su intento, deben aprender a descubrir y admirar los misterios que ese nuevo mundo ofrece.

Emily Perl Kingsley describe en la analogía, *Bienvenidos a Holanda* (véase, Apéndice 1), su experiencia personal en la crianza de un niño o niña con una o varias discapacidades. En esa descripción, Kingsley indica lo sorprendente o frustrante que puede resultar la primera planificación de unas anheladas vacaciones, la preparación de un viaje perfecto con detalles de itinerario, conocimiento del idioma, clima, comida, cultura, de tal manera que sea un viaje único y sin contratiempos. Pero, qué pasa si después de varios meses, o incluso de años de preparar el anhelado viaje, aterrizamos en otro país, que aunque bello y único, resulta ser totalmente desconocido y que, además, se nos indica que ahí vamos a vivir por un buen tiempo. Es cuando súbitamente debemos a aprender a adaptarnos y a superar obstáculos en el intento.

De seguro, padres de familia especiales que escuchan o leen eso de que *hay que aprender a vivir y a disfrutar de las maravillas que nos ofrece un mundo diferente,* han de pensar que del dicho al hecho hay mucho trecho, o como decimos, "no es lo mismo que lo mesmo". Sin embargo, vivir en "otro país" y disfrutar, requiere de información, aprendizaje, estrategias, herramientas, además, claro está, de combinar todo eso con ingredientes presentes de manera cotidiana, como la esperanza, alegría, dolor, y todo ello encaminado al fortalecimiento y crecimiento de los hijos o hijas, así como de los padres y demás integrantes de la familia.

O sea, que aunque usted mi querido lector o lectora especial no lo crea, sí es posible adaptarnos en gran medida a un mundo nuevo, por difícil que le pueda parecer. Le aseguro que como padres o integrantes de familia especiales no serán los primeros ni los últimos en lograrlo. Amadito, como muchos otros niños y niñas tiene muy claro que sus padres han aprendido a vivir en un país/mundo desconocido y han descubierto las bellezas inimaginables que ofrece. En el intento han encontrado un dolor nunca imaginado, han convivido con la desesperación, experimentado la esperanza, y con ello han aprendido a valorar cada día el tesoro que es la vida.

Así pues, querido lector o lectora especial, le comento que me puse a armar este libro pensando en usted. Se lo presento como una guía práctica de educación especial que abarca información legal de Estados Unidos, y técnicas y herramientas educativas para la casa-escuela, para contribuir al desarrollo de los bebés, niños, niñas y jóvenes que reciben servicios de educación especial en diversos niveles. Se incluyen sugerencias útiles y algunas reflexiones orientadas a hacer efectiva la educación especial de sus seres amados, desde que acompañan al bebé en su nacimiento hasta que el o la joven concluye la preparatoria (*high school*) o inicia su vida adulta.

Es un libro dedicado a usted, papá, mamá, tío, abuelo, hermano, hermana, cuya misión es brindar lo mejor de sí mismos y hacer de alguien que es único o única, un ser feliz en su interactuación con los demás miembros de la familia, con sus vecinos del barrio, su colonia, ciudad, su país.

11

Capítulo I

Efectos psicológicos en padres de familia especiales: Un camino nuevo por andar

Desde que a los padres y a otros miembros de la familia se les informa que el bebé amado tiene alguna discapacidad, comienzan a enfrentar nuevos desafíos, con sus correspondientes efectos psicológicos. Se trata de sentimientos y emociones que afectan principalmente a papá y a mamá y que se van a manifestar a través de cambios en su estilo de vida. Psicólogos y especialistas afirman que los padres y demás miembros de la familia atraviesan involuntariamente por cinco etapas psicológicas. Estas se presentan generalmente de manera progresiva y nos invaden con sentimientos de **Negación, Depresión, Ira combinada con culpa, Búsqueda de alternativas** y **Aceptación**.

Estoy segura de que los padres, abuelos y hermanos especiales saben a qué me refiero. Aunque a decir verdad, generalmente al principio, los padres con hijos con discapacidades están tan ocupados y apurados por proveer de cuidados intensivos a su hijo o hija, al tiempo que atienden aquellas obligaciones cotidianas que no admiten espera, como el trabajo, vestido, sustento, todo el funcionamiento de un hogar-casa, que difícilmente dan abasto en medio de una especie de caos familiar. Ante una situación muy tensa e inesperada, hasta se nos olvida comer, o no hay mucho tiempo para ello. Cuando nos enfrentamos a un mundo nuevo y desconocido donde está en riesgo nuestro bebé amado, lo que menos nos viene a la cabeza es pensar o reflexionar sobre los **momentos psicológicos** por los que pasamos.

Lo podemos comparar con un boxeador en plena pelea que defiende su campeonato en el octavo "round". Nosotros, como los aficionados desde fuera, fácilmente podemos identificar lo que sucede en el cuadrilátero o el "ring", y desde nuestro asiento podemos gritarle al boxeador, lo que debe hacer para que no lo manden a la lona, o para que gane. Sin embargo, el boxeador, que está en plena acción no se detiene a pensar en lo que pasa en el "ring", porque en esos momentos ya no siente lo duro sino lo tupido, y seguramente lo que anhela es salir lo antes posible, librado de tanto catorrazo. De igual manera, en las vivencias de papá o mamá especiales hay momentos muy difíciles que les impiden reflexionar sobre sus sentimientos y temores. Por otro lado, estas etapas, o sentimientos mencionados, están sujetas a la complejidad humana; es decir, generalmente pueden suceder sin previo aviso una a una, o bien traslaparse entre sí.

Las primeras tres etapas que revisaremos son las más desafiantes, por lo que requieren mayor aprendizaje. Aquí traslado mi reconocimiento y admiración a los padres de familia especiales que vencen los desafíos de estas primeras etapas. Como recompensa, ellos o ellas logran descubrir en gran medida la belleza y la armonía que significa vivir en un mundo que en principio fue visto y percibido como totalmente difícil e inesperado. Sin embargo, hay que mencionarlo, también se dan casos de padres que por diversos motivos permanecen anclados en una de las primeras etapas. Espero sinceramente que este libro les sea de utilidad para llegar librado o librada a la quinta de estas etapas:

Etapa de Negación. Es la primera fase; se presenta sin avisar, de manera repentina, una vez que los médicos nos informan sobre alguna discapacidad o excepcionalidad de nuestros seres amados. Por lo general, los padres de familia no aceptan que sus hijos o hijas no crezcan como "todos" los niños. Se resisten a creerlo, rechazan diferentes opiniones médicas y no se dan por convencidos. Como padres y familiares pensamos que "eso" no puede sucedernos. En ocasiones escuché a mi cuñado decir, mientras jugaba con Amadito, "no es cierto eso que dice el doctor, para su edad, mi hijo me responde muy bien". Los que saben dicen que esta es una etapa o fase donde el sentimiento de negación nos amortigua el dolor ante una noticia inesperada; es una especie de defensa psicológica que nos permite recuperarnos del primer impacto emocional.

La segunda etapa es conocida como **Depresión,** cuando los padres de familia especiales y demás familiares experimentamos y vivimos un dolor indescriptible al confirmar que nuestro ser amado presenta un problema de desarrollo físico o intelectual, o algo que no conocemos a ciencia cierta, y que no habrá forma de resolver de manera inmediata, ni a mediano o largo plazo. Como efecto, sobreviene una falta de interés en actividades familiares, sociales y recreativas. Los psicólogos dicen que esta etapa de inmensa tristeza corre el riesgo de presentarse de manera pasajera, de traslaparse con la siguiente etapa, o de quedarse por mucho tiempo estancada en nuestros corazones-hogares, en dependencia de la manera en que la sobrellevemos.

Es una situación de la cual me he podido percatar. En una ocasión, cuando trabajaba en una escuela secundaria (*middle school*), una mamá especial me empezó a platicar sobre la discapacidad de su hijo, quien estaba terminando la primaria. La señora no pudo continuar porque le sobrevino el llanto, solo tuve oportunidad de decirle que la entendía perfectamente.

Por otro lado, se dice que en general, cuando la depresión se combina con otros sentimientos, convierte en muy pesadas las otras prioridades de la vida cotidiana. En medio de su depresión, a algunos padres de familia se les informa sobre la necesidad e importancia de que trabajen con su hijo o hija en un programa de estimulación temprana. Sin embargo, la idea de estimulación temprana es algo totalmente nuevo, que muchos padres de familia especiales nunca imaginaron que existiera. Dicho sea de paso, un programa de estimulación temprana incluye una serie ejercicios físicos y actividades sensoriales mediante los cuales el ser amado utiliza sus sentidos del oído, visión, tacto, aroma-olfato, y gusto-sabores. Afortunadamente, en Estados Unidos estos servicios son gratuitos. Mientras más rápido se inicie una terapia de estimulación temprana, más benéfica resultará para el desarrollo del bebé. Pero, hablaremos de esto más adelante.

Etapa de Ira y Culpa. Se puede traducir como una fase involuntaria de resentimiento, que aparentemente se presenta después o a veces se traslapa con la etapa de profunda tristeza o depresión. Se describe como una energía cargada de sentimientos de coraje y frustración donde ya no vemos quién nos la hizo, sino quién nos la pueda pagar. En general, los padres de familia viven una mezcla de sentimientos y resentimientos entrelazados, imposibles de expresar. Se dice que en ocasiones esos sentimientos de coraje crecen de manera incontrolada, en espiral, y en situaciones hasta llegan a destruir al individuo, la pareja y la familia.

En la práctica profesional he escuchado a padres de familia que culpan a la vida misma de la discapacidad de su hijo o hija y, de paso, de todo lo malo que les sucede. En una ocasión un papá me dijo que su hijo nació con Síndrome de Down por culpa de la mamá, cuando sabemos que eso es muy difícil de probar. Por lo regular, sin darse cuenta, la pareja pone mezclados en la misma olla todos los conflictos y frustraciones que experimenta y pierde la dimensión de dónde está y con quién se está. Todo ello es parte de esta etapa involuntaria que implica una serie de procesos de deterioro personal-familiar.

Sin duda, mi querido lector o lectora especial, esta es una de las etapas más peligrosas porque concierne a la relación de pareja, y un niño con o sin discapacidades debe crecer en una atmósfera de amor y respeto, y los únicos capaces de crear esa atmósfera son los padres. Afortunadamente, padres de familia que han superado esta etapa han logrado mantener el barco a flote, como pareja están más unidos, a veces procrean más hijos y juntos luchan por proveerles de una continua atención y calidad de vida.

Confieso que viví esta etapa enojándome hasta con Dios. Un día fui a la iglesia para reclamarle a Dios, por qué permitía que mi amado sobrino tuviese parálisis cerebral. Le dije ¡ya basta!; sentía que era demasiado, no entendía por qué, si siempre había experimentado su amor y misericordia, en esos días nos había abandonado. Mi mente no alcanzaba a entender por qué a mí, por qué a mi hermana, por qué a Amadito. Después me arrepentí de haberle hablado y culpado de esa manera, y en confianza se lo comenté a un sacerdote amigo de la familia. El Padre Salvador me dijo que Dios ya está acostumbrado a que le hablen así. Pero le contesté que yo no estaba acostumbrada a hablarle como lo hice y bajo una mezcla de sentimientos encontrados absolutamente imposible de descifrar. Me tomó tiempo superarlo. Ahora puedo imaginar el profundo dolor de los padres que atraviesan por esa fase psicológica.

La siguiente etapa se identifica como la **Búsqueda de alternativas o fuentes de información** con la finalidad de encontrar ayuda o alternativas que mitiguen la discapacidad de los hijos o hijas. Esta etapa, al igual que las anteriores, se traslapa con las ya mencionadas. Sin embargo, los psicólogos enfatizan que los padres tienen muy claro su papel de buscar alternativas para mejorar o disminuir la discapacidad de su hijo o hija.

A veces esa búsqueda puede resultar en alternativas dolorosas para nuestros seres amados. En una ocasión escuché que un padre de familia buscó varios doctores para someter a cirugías de columna vertebral a su hijo, cuyo problema era de crecimiento. Un día, el hijo en edad preadolescente le suplicó al padre que no le hiciera más esas cirugías, porque eran muy dolorosas y porque después de todo no le reportaban el beneficio esperado. El padre de familia tuvo a bien escuchar a su hijo, y al darse cuenta de que lo había hecho sufrir con tantas operaciones, se le presentaron sentimientos de culpa. Se los digo porque cada vez que el papá lo platicaba, se echaba a llorar. Así pues el papá cambió las cirugías por terapias de rehabilitación.

Andrés, mi cuñado, es abogado por profesión y se ha convertido en médico -neurólogo autodidacta. Coquis es también abogada y ahora, además, una experta en terapia física y de lenguaje. Ambos han trabajado incansablemente buscando terapias en México y Cuba. Sin embargo, en determinado momento se han detenido a pensar sobre qué tipo de terapia y con cuánta intensidad deben aplicarla. En la actualidad cuentan con una red de terapeutas y médicos de instituciones locales quienes, dicho sea de paso, además de su profesionalismo, tienen una marcada calidad humana. Andrés indagó sobre las causas del daño cerebral de Amadito, y encontró que en su caso se debió a una negligencia médica. Ante ello, Andrés está abocado a obtener justicia, aunque a decir verdad es como ponerse con Sansón a las patadas, porque es sabido que en un país como México la justicia al parecer no existe, sino allí con dinero baila el perro. No obstante, esa batalla continúa.

La última de las fases se conoce como **Aceptación.** Como su nombre indica, es la superación en diferente medida de las etapas de Negación, Depresión e Ira/Culpa. Significa para los padres especiales y la familia salir a flote al aceptar la permanencia de la discapacidad. La sabiduría popular nos dice que el chiste o la clave en esta vida es aprender a ser felices y a aceptar a todos como son. Así pues, mi querido lector o lectora especial, el gran reto para los padres de familia es aprender a buscar alternativas o fuentes de información, mientras asumen las **discapacidades como algo normal** en nuestra sociedad, y orientan la energía en fortalecerse y crecer junto con sus hijos o hijas. En esta fase los efectos son de crecimiento, porque propician condiciones para un desarrollo familiar en una atmósfera de unidad, lo cual es muy benéfico para nuestros seres amados.

No quiere decir que esta etapa aparezca sin traslaparse con las otras, a veces se vislumbra en medio de las otras fases, porque como se mencionó, es parte de un proceso basado en la complejidad humana. Sin embargo, es la forma en que padres de familia especiales atienden sus obligaciones cotidianas y, además, participan en la medida de sus posibilidades en organizaciones de ayuda mutua, para vivir al ritmo de su hijo o hija, dejan a un lado las comparaciones y disfrutan la calidad única de su ser amado. En esta etapa de aceptación, los padres se identifican a sí mismos en su papel de encargados del desarrollo de capacidades y de promotores de los derechos y responsabilidades, para asegurarles una condición de calidad de vida a sus hijos o hijas.

Claro está que esta etapa no implica vivir el final de un cuento de hadas, con "colorín colorado este cuento de las fases psicológicas se ha terminado", o el de una película de Hollywood donde todos fueron felices. Sabemos que se trata de un proceso continuo de entrega y dedicación, combinado con los aspectos médicos, y con la atención a las necesidades de la fragilidad física de nuestros seres queridos. En ocasiones tenemos que hacerles frente a gastos para adaptar el espacio de la casa, o para adquirir algún equipo especializado, en dependencia de cada caso particular. Todos esos aspectos sin duda afectan emocionalmente a la familia y en ocasiones la desestabilizan.

Con todo ello, aunque usted mi querido lector o lectora no lo crea, le garantizo que ¡sí se puede entrar en la etapa de aceptación! Durante ella, muchísimos padres de familia aprenden que todo niño o niña con discapacidades son tan únicos como los demás, que todos tienen el derecho genuino de participar y de ser considerados como integrantes de la comunidad escolar y local a la cual pertenecen y pertenecemos todos. Para usted, papá o mamá especial que ya está en esta etapa de aceptación, y aprende todos los días a vivir en ese mundo de amor, que asume la bella responsabilidad de hacer valer los derechos civiles de sus hijos o hijas, y promueve al mismo tiempo su desarrollo personal, familiar y social, a todos, mi más sincero reconocimiento y admiración (como fuentes de información, véase el Apéndice 2).

Capítulo II

Reseña histórica. Evolución del concepto y atención de jóvenes, niños y niñas con alguna discapacidad en Estados Unidos: Dónde estamos y hacia dónde vamos

En la actualidad se han logrado avances en el respeto de los derechos civiles de los niños y niñas con alguna discapacidad o excepcionalidad, incluido el derecho a la educación. Como veremos, ha sido un proceso lento, complicado, con resultados muy positivos, pero sujeto a muchas interpretaciones. Aunque usted, querido lector o lectora especial, no lo crea, los adelantos o retrocesos en ese sentido están vinculados a las características político-económicas y sociales de un determinado país.

De eso me pude dar cuenta una vez, cuando radiqué en Europa. Tuve la oportunidad de visitar Suecia y Dinamarca, y me sorprendió ver a padres especiales con sus hijos o hijas paseando por las calles en trenes o autobuses, y en restaurantes. Lo primero que pensé fue que en esos países había un número considerable de niños o niñas con discapacidades, y que en raras ocasiones se veían personas con discapacidades o excepcionalidades en México. Después, mi sorpresa fue mayor cuando descubrí que, según Naciones Unidas, en la actualidad existen en el mundo más de 500 millones de personas con discapacidad, lo cual equivale a un

10 por ciento de la población mundial. Entonces me pregunté dónde está ese 10 por ciento de la población con discapacidades en México, específicamente en la Ciudad de México. La respuesta la sabemos usted, mi estimado lector o lectora, y yo: Posiblemente un gran número está en sus casas, privado de lo que la mayoría disfruta.

Pareciera que los habitantes de Dinamarca y Suecia consideran que tener alguna discapacidad no significa que se pierda el derecho a salir a pasear, ya sea al cine, al parque, a los centros comerciales, en fin a dar la vuelta. Tan fácil como preguntarle a un niño o niña, a un joven, con o sin discapacidades, si les gusta quedarse en sus casas o en su cuarto durante la mayor parte de la vida. De antemano sabemos que sería negativa. A nadie le gusta vivir entre cuatro paredes, mucho menos cuando se es niño o niña, o un adolescente.

Mientras viajaba por esos países europeos también me percaté de que la sociedad, familias y gobierno saben y tienen muy presente que tanto niños o niñas y jóvenes con y sin discapacidades tienen y deben gozar de sus derechos humanos y civiles. Uno de esos derechos humanos es precisamente el disfrute de la vida, de su entorno social comunitario, y de su escuela. Además, existe en esos países la consideración de que todos somos diferentes. Por ello, las calles y servicios públicos de las ciudades en Suecia y Dinamarca están diseñados para el uso de todos. Por ejemplo, se considera que las personas nos desplazamos en silla de ruedas o caminando. Por tanto, los servicios públicos como calles, banquetas, escuela, edificios están adaptados o diseñados para su uso en cualquier modalidad humana, y son accesibles a todos. Lo mismo sucede con el transporte público, que está diseñado para todo tipo de usuario. Aquí, mi querido lector o lectora especial, estamos hablando de lo que se conoce como política urbana de acceso a todos los usuarios.

En el caso, por ejemplo, de la ciudad de México, la situación es diferente. La política urbana está aún muy lejos de ofrecerles servicios a todos los usuarios, y en las zonas rurales ni se diga. Sin embargo, mi estimado lector o lectora especial, déjeme comentarle que cualquier avance en el mundo orientado a hacer respetar los derechos civiles y humanos, tanto de niños y niñas con y sin discapacidades, se ha debido en gran parte gracias a la iniciativa de los padres de familia, y también de la sociedad.

La mejor manera que tenemos de saber **dónde estamos y a dónde vamos**, en materia de derechos y política de atención a las necesidades particulares de nuestros seres amados, en EEUU, es mediante una rápida revisión de las formas en que a través del tiempo se ha manejado esa atención. Créame que aunque definitivamente se ha ganado bastante terreno, aún no cantamos "¡victoria!". Como veremos más adelante, ha sido un proceso político y social un tanto complicado y escabroso, aunque no imposible de superar. En ese esfuerzo continuo, orientado a establecer políticas de gobierno que comprendan a todo el conjunto de la población, padres de familia especiales han encontrado organizaciones internacionales y privadas que los han apoyado con decisión, y han abierto caminos hacia la participación de niños, niñas, jóvenes y adultos con alguna discapacidad o excepcionalidad en el campo de la educación y de los servicios públicos.

23

En Estados Unidos, uno de los presidentes que impulsó una política de educación y servicios para alumnos con discapacidades fue John F. Kennedy, debido a que él fue un hermano especial. Más adelante nos referiremos en detalle a las acciones que se tuvieron a bien adoptar durante su corto mandato y su gran influencia hasta nuestros días.

Épocas de marginación, exclusión y olvido total

Si revisamos la historia vemos que, en sus inicios, el tema referido a personas con discapacidades, tanto físicas como intelectuales, fue prácticamente ignorado, o bien considerado como un misterio. Algunas investigaciones muestran que durante el siglo XVIII, hubo un período en el cual gobierno y sociedad en el mundo fueron adoptando una variedad de actitudes y percepciones hacia las habilidades intelectuales y de conducta. Con posterioridad, en el siglo XIX, es cuando prácticamente aparece en Francia la iniciativa de educación especial y con ello los programas de rehabilitación o terapia física. Durante ese mismo tiempo, pero en Estados Unidos, algunas personas promovieron en esa sociedad que se ofreciera un mejor tratamiento a las personas internadas por discapacidades intelectuales en instituciones conocidas como asilos. La legislatura de Massachusetts, de 1843, da prueba de ello al proponer un programa de capacitación o entrenamiento, orientado a la reintegración o participación laboral de personas con alguna deficiencia intelectual. Sin embargo, la puesta en marcha de esta iniciativa de reintegración social después fue vista como una propuesta política perdida, porque nunca se llegaron a concretar acciones en ese sentido.

Así llegaron los años de la Guerra Civil en el país (1861-1865), que cambiaron el curso de la vida misma, cuando esa iniciativa de participación de personas con discapacidades en la vida productiva prácticamente se vino abajo. Lo que es peor, sobrevino una marginación y rechazo por parte de la política aplicada en ese momento y la sociedad americana al grado de que se llegaron a asociar a las personas con discapacidades con diversos niveles de criminalidad. Así también, salió a la luz pública la absurda e inhumana idea médica seudocientífica de prohibirles a las personas con alguna discapacidad intelectual tener hijos, para evitar la "propagación" de discapacidades. Esta concepción errónea encontró asidero en la sociedad y dio lugar durante años a la promoción y la práctica de esterilizar a personas con alguna discapacidad intelectual.

Después, a principios del siglo XX, también entre los médicos y científicos aparecen las llamadas pruebas de inteligencia, que de alguna manera siguen siendo usadas hasta nuestros días. Desde sus inicios esas pruebas se diseñaron para determinar el coeficiente o nivel intelectual en individuos.   En su momento coincidieron con la Primera Guerra Mundial (1914-1918), y las autoridades competentes las aplicaban durante los reclutamientos de voluntarios para la guerra. Sobre la base de los resultados obtenidos, el gobierno determinaba qué tipo de actividad los aspirantes a filas podrían desempeñar y en qué frente de guerra podían ser ubicados los soldados. Es de imaginar que los reportados con bajo coeficiente o nivel intelectual eran generalmente los primeros en salir a combate.

Permítanme decirles que a raíz de esas pruebas de inteligencia, comenzó a aparecer en países de América y Europa el concepto de "retraso mental", el cual dicho sea de paso, es un término tan ofensivo y degradante que ya no se usa, gracias a las luchas sociales por el respeto y dignidad de los individuos. El término ha evolucionado y se identifica en nuestros días como deficiencia o discapacidad intelectual.

Las primeras instituciones para la atención a personas con discapacidades

Como resultado de la Primera Guerra Mundial, el gobierno de Estados Unidos se dio a la tarea de atender a numerosos soldados que regresaron heridos de la guerra. Se atendieron también a los que regresaron con daño cerebral y/o condiciones psicológicas severas. Para facilitar su atención médica y psicológica, el gobierno aprobó leyes para el establecimiento de instituciones de servicio médico y rehabilitación. En honor a todos esos heridos que regresaron al país, se instituyeron una serie de beneficios y servicios, tanto para veteranos de guerra como para sus familiares, con el propósito de reducir el impacto personal y familiar ocasionado por los traumas obtenidos en los combates.

De esta forma, mi querido lector o lectora especial, algunos de esos servicios, por fortuna, de manera natural o automática se extendieron y beneficiaron a otras personas con discapacidades. Después de 1922 apareció un grupo pequeño de profesores universitarios interesado en proveer educación especial. En 1941, ese mismo grupo de profesores promovió la integración de un área de educación especial como parte de la Asociación Nacional de Educación. Sin embargo, no es hasta 1977 que esa organización incrementa sus afiliados y se convierte en el Consejo para la Educación de Niños Excepcionales (*Council for Exceptional Children*, CEC), que hasta nuestros días ha sido una agencia reconocida que ofrece servicios de asesoría e impulsa de manera muy activa la educación especial en el país (véase Apéndice 3).

Sin más novedad, rápidamente llegamos a los años 30, cuando el país está inmerso en una amarga década, con una terrible crisis bancaria y económica conocida como la Gran Recesión o Depresión Económica (1929-1939), que trajo mucho desempleo y provocó olas de deportaciones. Durante ese periodo de austeridad, como es de imaginar, las personas con discapacidades no encabezaban ninguna lista de prioridades nacionales. Sin embargo, las autoridades gubernamentales se dieron a la tarea de buscar formas de bienestar para todos los ciudadanos; una de ellas fue la política de seguridad social, y el ahorro de pensiones.

Las personas con discapacidades, como ya mencionamos, se beneficiaron indirectamente de los heridos de guerra, que a su vez representaban un patriotismo heroico. En el país se perfilaron políticas y tendencias de apoyo y solidaridad hacia los mutilados de guerra, y como decimos, "a río revuelto, ganancia de pescadores", esas políticas de bienestar social y de actitud solidaria por parte de la sociedad se extendieron a la población con alguna deficiencia intelectual o de tipo físico. Durante los años 40 tuvo lugar la Segunda Guerra Mundial (1939-1945), situación que trajo un cambio económico y social favorable en la nación. Durante esta época de crecimiento económico y social, la atención hacia las personas con discapacidades se incrementó, debido también a la promoción de la calidad de vida entre los veteranos de guerra y sus familias.

En este contexto, mi querido lector o lectora especial, vemos que durante la siguiente década, en los años 50, aparece por primera vez la iniciativa de grupos de familias y profesionales orientada a impulsar estudios en el campo de la atención a las personas con deficiencias intelectuales. En 1950 se conformó la Asociación Nacional de Padres y Amigos de Niños con Retraso Mental, que después cambió el nombre a Asociación Nacional de Niños con Retraso Mental, y actualmente se conoce como The Arc of the United States, la cual agrupa a padres con hijos con cualquier tipo de discapacidades.

Es notable la tenacidad y el esfuerzo constante de esos grupos de padres de familia que se abrieron paso mediante el establecimiento de metas orientadas a promover la comprensión, respeto y dignidad de las personas con deficiencias intelectuales. De igual manera se dieron a la tarea de promover esas metas y recursos económicos ante organizaciones privadas, públicas y religiosas a nivel local, estatal, nacional e internacional. Así fue como iniciaron tanto la puesta en marcha de la investigación y capacitación de profesionales, como la preparación de talleres para padres y familias especiales. Todo ello, con la finalidad de difundir información, asesoría y un mayor conocimiento sobre sus seres amados. Dicho sea de paso, actualmente The Arc of United States, también orienta esfuerzos para promover y proteger los derechos humanos, y apoya a los padres de familia especiales y a sus hijos o hijas en su participación e inclusión en la comunidad.

Seguimos con nuestra breve reseña y vemos que a principios de la década de los años 50, la sociedad, padres de familia especiales y simpatizantes realizan notables esfuerzos. Aunque también aparecen algunas incongruencias por parte del gobierno, en la legislación de 48 estados del país. Por un lado, aparece una iniciativa de ley que ofrece el acceso de niños y niñas con discapacidad intelectual a escuelas públicas del país. Sin embargo, la verdad sea dicha, no fue así, sino al contrario, muchos alumnos o alumnas fueron excluidos de ese privilegio. Las autoridades educativas se basaron en las mencionadas pruebas de inteligencia, y aquellos alumnos que reportaron una discapacidad intelectual moderada o severa, simplemente no fueron inscritos. Tal política educativa de exclusión fue el inicio de algunas demandas en diferentes partes del país ante la Corte Suprema.

Es importante mencionar que en esa misma década de los años 50, tienen lugar los movimientos sociales promovidos por las comunidades afro-americanas, que en su momento luchaban por el respeto de sus derechos civiles, entre los que se encontraba el acceso a la educación. Como es sabido, la comunidad afro-americana vivió durante muchas décadas separada o segregada de la comunidad blanca o anglosajona. Uno de los casos legales más populares llevados a la Corte de Justicia, que dejó honda huella en el ámbito de los derechos a la educación --y dicho sea de paso, también benefició a todos los niños, niñas y jóvenes con discapacidades--, fue el que se conoce como la demanda legal promovida en el estado de Kansas por Oliver Brown. En 1954 el señor Brown llevó a la Corte Suprema de Justicia su inconformidad al serle negada la inscripción de su hija de ocho años en la escuela pública cercana, a la que asistían alumnos y alumnas anglosajones o "blancos". Debido a su origen afro-americano, la hija del señor Brown fue obligada por las autoridades escolares de la localidad a asistir a otra escuela donde únicamente inscribían a alumnos afro-americanos, que por cierto le quedaba mucho más retirada de su casa.

Permítanme decirles que el señor Oliver Brown había participado en la Segunda Guerra Mundial defendiendo al país y a su regreso, por ironía de la vida, continuó luchando por el respeto a la igualdad de derechos civiles de su familia. La acción legal, en defensa de su hija, la llevó a cabo a través de la Asociación Nacional para el Avance de la Población de Color (*National Association for the Advancement of Colored People*, NAACP). Durante el juicio, la Corte Suprema tuvo que reconocer que la niña estaba siendo víctima de segregación o discriminación. Fue así que este caso marcó de alguna manera un gran paso en el inicio de la igualdad de derechos en Estados Unidos, y dejó huella en lo referente a la inclusión-participación de las comunidades afro-americanas en los servicios públicos, a los que entonces solo las familias de origen anglosajón podían tener acceso. Esa misma demanda de Oliver Brown dio lugar a la posibilidad de defender legalmente las garantías individuales de las minorías y, con ello, la posibilidad de llevar a cabo demandas ante la Corte de Justicia para hacer valer los derechos civiles, incluidos el derecho a la educación y al trabajo.

Así pues, mi querido lector o lectora especial, todos esos derechos que de manera indirecta, pero efectiva, se extendieron a niños, niñas y jóvenes con discapacidades, abrieron grandes posibilidades para promover en forma directa el respeto y dignidad, así como la seguridad de sus derechos civiles. Más adelante veremos cómo se concretizan esas acciones políticas y legales para el acceso a la educación, al trabajo, así como el acceso a los servicios públicos.

Influencia político-social en la atención y educación especial

En la década de los años 60, Estados Unidos de nuevo envió soldados a la guerra, esta vez a Vietnam. En 1961 tomó posesión como Presidente John F. Kennedy, quien desafortunadamente, como todos sabemos, fue asesinado y solo ejerció tres años de mandato. Como mencioné anteriormente, el presidente Kennedy fue un hermano especial que apoyó la lucha por los derechos civiles. Desde el inicio de su administración brindó apoyo a padres de familia especiales, mediante el establecimiento de un comité que él mismo encabezó. La función del comité fue diseñar una política nacional para la atención de niños, niñas, jóvenes y adultos con alguna deficiencia intelectual. Es importante mencionar que muchos aspectos de esta política de atención estuvieron basados en las metas propuestas en los años 50 por grupos de padres de familias especiales y profesionales que fundaron The Arc of United States. Entre estas propuestas se encuentran el desarrollo de investigaciones, técnicas de rehabilitación, acciones preventivas y de calidad de vida. Otra de las líneas de trabajo fue la promoción de programas de educación especial en escuelas públicas, coordinados con programas de terapia de rehabilitación. De igual manera se establecieron los lineamientos que dieron lugar a la puesta en marcha de un programa educativo en el país, que finalmente se vio concretizado durante la siguiente década y que en nuestros días se conoce como la Ley de Educación IDEA, sobre la cual nos referiremos más adelante con más detalles.

Por otro lado, el presidente Kennedy consideró también en su política de gobierno la preparación de personas con deficiencias intelectuales para una vida productiva y laboral o vocacional. Para ello, durante su mandato se construyeron Centros de Salud Mental. Estos centros se destinaron a la atención médica, cuidado de pacientes, orientación a familias especiales y al desarrollo en comunidades locales. Se destinaron también recursos para el establecimiento de Centros de Investigación sobre lo que se llamó o se conoció como retraso mental. Unido a lo anterior, se impulsó el apoyo a los profesionales en el campo de la educación especial y los programas de voluntariado.

Más tarde, la señora Eunice Kennedy Shriver, hermana del presidente, también inició una obra excepcional que hasta nuestros días se mantiene muy activa en Estados Unidos y en varios países del mundo. Kennedy Shriver tuvo la iniciativa de crear los Juegos Olímpicos Especiales, evento que se inició oficialmente en 1968, en Chicago, con la participación de mil competidores de 26 estados de la unión americana y de Canadá. En la actualidad, la organización de los Juegos Olímpicos Especiales comprende a cerca de 150 países con la participación de más de dos millones de competidores (véase Apéndice 3). La señora Kennedy Shriver, en su calidad de hermana especial, trabajó también arduamente por proveerles calidad de vida a niños, niñas y jóvenes con alguna discapacidad.

Durante el mandato del Presidente Kennedy se vislumbra también la idea de crear lo que conocemos actualmente como la Ley de Americanos con Discapacidades (*Americans with Disabilities Act*, ADA; (véase Apéndice 3), la cual, enfatizaba la necesidad de proteger los derechos civiles de las personas con discapacidades a nivel de legislación federal o nacional.

Posteriormente, esa iniciativa de ley ADA se ha preocupado por incorporar el acceso de la población con discapacidades a servicios públicos y sociales. Como resultado de ese esfuerzo, la política urbana de Estados Unidos cuenta con reglamentos para el diseño de áreas públicas, donde se contempla la construcción de rampas y de puertas automáticas en edificios públicos y privados de modo que personas con discapacidades puedan utilizarlas. También se incluye la adaptación de las escuelas para todos los alumnos o alumnas. De igual manera, la ley ha buscado el acceso de todos los usuarios al transporte público. Hasta nuestros días, ADA ha trabajado en todo el país para disminuir y eliminar la discriminación hacia personas con discapacidades. Así también la ADA ha venido trabajando en la protección de otras minorías, como las mujeres y personas de diferentes razas y condiciones económico- sociales, a quienes históricamente se les ha negado el respeto y la dignidad.

Así la historia nos lleva a la toma del poder por Lyndon Johnson, tras la terrible pérdida del Presidente John F. Kennedy, en 1963, cuando fue asesinado. En 1965, el Presidente Johnson, quien de alguna manera le dio continuidad a la propuesta de Kennedy, establece la Ley de la Educación Primaria y Secundaria (*Elementary and Secondary Education Act*, ESEA), donde se hace mención a la atención de alumnos y alumnas con necesidades especiales. Es con posterioridad que esta ley se modifica y se crea la Oficina de Educación para las Personas con Discapacidades (*Bureau of Education for the Handicapped*, BEH). Durante ese periodo se anunció el proyecto conocido como "Head Start," que en nuestros días es un organismo público que depende del Departamento de Salud y Servicios Humanos del país. Entre

33

sus propósitos está la asesoría a padres de familia especiales para el diagnóstico y programas de estimulación temprana. En específico promueve el cuidado prenatal, el desarrollo de recién nacidos y la atención durante la primera infancia; y lleva a cabo programas educativos de transición de alumnos y alumnas de etapa preescolar hacia las etapas escolares. Esta agencia estatal cuenta con centros de atención en el país, tanto en inglés como en español (véase Apéndice 3).

Durante su mandato, el Presidente Johnson aprobó la Ley para los Derechos Civiles, donde se incluye el derecho a la educación. Aunque esa ley no enfatiza nada relacionado con nuestros niños, niñas y jóvenes con discapacidades, de alguna manera se extiende hacia ellos. Se refuerza más directamente en la década siguiente, debido a reclamos de grupos de padres de familia especiales inconformes porque a sus hijos o hijas les habían sido negados esos derechos civiles de educación, considerados en la Ley.

Al inicio de la década de los años 70, los esfuerzos de padres de familia especiales fueron apoyados por grupos de la sociedad que en esa época abogaban por los derechos humanos. En 1971 se llevó a cabo una demanda que marcó cambios en la educación especial del país. Fue el caso de niños y niñas en Pennsylvania a quienes les fue negada la inscripción en una escuela local. El caso fue presentado ante la Corte de Justicia de ese estado por PARC (*Pennsylvania Association for Retarded Children*), una asociación dedicada a la atención de deficiencias intelectuales. El juez a cargo dictaminó el derecho a la educación gratuita para todos los niños y niñas con deficiencia intelectual que radicaban en esa específica jurisdicción del estado. Más tarde ese derecho se extendió hacia otros estados del país, y no sólo se limitó a niños y niñas con deficiencia intelectual, sino que incluyó a alumnos y alumnas con otros tipos de discapacidades o excepcionalidades.

Después, en 1972, tuvo lugar otra demanda parecida en una Corte de Justicia en Washington, y como resultado se les otorgó el derecho a la educación gratuita a todos los niños, niñas y jóvenes con discapacidades en el país. Esto dio pie a que en 1973 surgiera la publicación de una iniciativa de ley que establecía que las personas con discapacidades en Estados Unidos debían tener acceso tanto a la educación como al trabajo. Además, dicha ley especificaba que no se les debe negar nada de lo que otros ciudadanos tienen derecho. Es decir, igualdad para todas las personas con y sin discapacidades. Dos años más tarde, finalmente se aprobó la Ley que asegura una educación para todas las personas con discapacidades (*Education for All Handicapped Children Act*, EHA) la cual ha venido evolucionando, y actualmente se conoce como la Ley de Educación y Mejoramiento para Individuos con Discapacidades (*Individuals with Disabilities Education Improvement Act*, IDEA).

En 1990, la ley IDEA definió en sus estatutos diversos tipos de discapacidades que deben ser consideradas para que sean otorgados servicios de educación especial, así como el tipo de servicios coordinados, entre los que se encuentra la terapia física, educación física adaptada, terapia ocupacional, de lenguaje, el uso de asistencia tecnológica y transporte escolar; y de igual manera, los servicios de transición para jóvenes hacia la etapa laboral o vocacional o hacia la vida adulta. Más adelante hablaremos de ello con más detalle. Por otro lado, esta ley IDEA contempla la extensión de servicios para bebés e infantes, donde se incluye la atención para una adecuada transición escolar que transcurra desde la etapa preescolar hasta la escuela primaria.

Posteriormente, en 1997, la ley IDEA enfatizó que todos los alumnos y alumnas de educación especial en el país tienen derecho a participar en los eventos de la escuela, como la mayoría de los alumnos, además del derecho a participar en clases de educación general con sus respectivas adecuaciones de acuerdo con sus necesidades. En ese mismo año, la Ley estableció en los estados del país programas para la evaluación y diagnóstico de los alumnos con algún tipo de discapacidad, al mismo tiempo que promovía políticas orientadas a la evaluación de conducta de niños con problema de disciplina.

Así pues, para concluir esta reseña histórica, tenemos que hasta el momento, la última modificación a la ley federal de IDEA se lleva a cabo en 2004, cuando se establece que los maestros deben estar altamente calificados para trabajar tanto en el área de educación especial como en educación general. Para ello, deberán aprobar pruebas de competencia y el Estado expedirá licencias para contratarlos en escuelas públicas. Finalmente, mi querido lector o lectora especial, como también veremos más adelante, esta ley les otorgó el derecho a los padres especiales de llevar a cabo demandas judiciales ante situaciones que atenten contra los derechos de los alumnos y alumnas, y de los mismos padres.

Como hemos visto, la historia sobre la atención de nuestros seres amados en Estados Unidos se ha desarrollado gracias a los esfuerzos de la sociedad encaminados al respeto y la dignidad de los niños, niñas y jóvenes, mientras se han propiciado las condiciones históricas y políticas que nos han conducido hasta donde nos encontramos ahora. Al mismo tiempo, nos abre caminos para seguir adelante y hacer valer los derechos civiles otorgados a familias especiales que radican en este país.

Nuestros seres amados, como siempre, nos agradecerán que los hagamos partícipes de los programas educativos, y de las experiencias de la vida comunitaria. Más tarde nos detendremos en esos aspectos educativos entre desarrollo y comunidad. Por lo pronto, salgamos a dar la vuelta con nuestros seres amados, y de paso evaluemos si nuestra ciudad-calle-escuelas tienen en consideración que TODOS somos usuarios de los servicios públicos, que TODOS tenemos el derecho a pasear e interactuar con los demás y que TODOS somos únicos y diferentes. Recordemos, mi querido lector o lectora especial, que a TODOS los niños, niñas, jóvenes, les gusta ir a la escuela donde hay niños con y sin discapacidades, les gusta ir al cine, prefieren comer donde hay música y personas de su misma edad.

En fin, concluyo esta parte con el deseo ferviente de que algún día en México la historia permita que sean reconocidas y respetadas las necesidades de niños, niñas, jóvenes y adultos con discapacidades. Que algún día lo podamos constatar en las calles, transporte público y, sobre todo, en las escuelas públicas. Concluyo esta parte también con el deseo ferviente de que todos los padres de familia especiales que radican en Estados Unidos hagan valer los derechos civiles que la historia les ha otorgado a sus hijos e hijas.

Capítulo III

Ley de Mejoramiento de la Educación para Individuos con Discapacidades, 2004, IDEA (*The Individuals with Disabilities Improvement Education Act 2004*): Cómo, cuándo y con quién

Como hemos visto, el Congreso de Estados Unidos, mediante la Ley de Mejoramiento de la Educación para Individuos con Discapacidades de 2004, IDEA, ejerció un mandato legal a nivel nacional que asegura el derecho civil de asistir a escuelas públicas locales. Al amparo de IDEA se faculta al Estado para que proporcione servicios de educación pública especial, así como de estimulación temprana a bebés, infantes de hasta tres años, y servicio de orientación a sus familiares.

Entidades locales para la aplicación de IDEA

En nuestra reseña histórica vimos que tanto los programas educativos como los de estimulación temprana estipulados en IDEA comenzaron a tomar forma en los años 50, mediante la conformación de la asociación que en nuestros días se conoce como *The Arc of the United States*. Después, cuando la propuesta fue retomada por el Presidente Kennedy, marcó así el inicio de una atención legal a nivel federal. Posteriormente, y después de muchos debates, la revisión aprobada más reciente de IDEA aparece en 2004. Pero ahí no termina el asunto. Es importante que usted lector o lectora sepa que IDEA, como toda ley, con todo y sus cientos de páginas, una vez que es aprobada por el Congreso, es decir aprobada por la Casa de Representantes y la Cámara de Senadores del país, necesita de otro paso, y es que el mismo Congreso se dé a la tarea de designar un comité a nivel federal encargado de definir la forma en que la ley deberá ser aplicada, y a través de qué organismos o instituciones oficiales se hará esto.

Aquí es cuando surgen una serie de discusiones, negociaciones y debates en torno a la interpretación de los conceptos que señala la ley. Estos debates tienen lugar precisamente a nivel del comité federal conformado por integrantes de los dos partidos políticos prácticamente agarrándose del chongo, sin dar su brazo a torcer, sobre lo que significa para ellos algún concepto, o principio de la ley. Todo eso, aunque usted no lo crea, se entrelaza también con la complejidad humana de cada uno de los integrantes del comité, donde se incluyen las expectativas y la imaginación de personas-políticos de dos tipos de ideologías, mientras desarrollan esa mega tarea de establecer estatutos y regulaciones que sirven y servirán de guía para la puesta en marcha o implementación de IDEA.

Código Federal de Regulaciones

En principio, el comité federal que detalla la aplicación de IDEA trabaja en lo que se conoce como Código Federal de Regulaciones (*Code of Federal Regulations*, CFR). Fue acordado que la institución de gobierno encargada del programa de IDEA es el Departamento de Educación de la nación. Así también se ha definido que el desarrollo del proceso para la puesta en marcha de la aplicación de la ley se llevará a cabo a través de los distritos escolares ubicados en las ciudades, por ejemplo, el Distrito de Escuelas Públicas de Chicago o de Escuelas Públicas de Alburquerque, etc.

Como parte de esas regulaciones, se describen los procesos y programas que las escuelas públicas están obligadas a desempeñar para proveer servicios de educación especial y servicios coordinados de apoyo, además de los otros servicios de educación general. En el caso de los infantes, se ha definido que el otorgamiento de recursos para programas y servicios de estimulación temprana, se lleven a cabo a través de la agencia-centros de Head Start del Departamento de Salud y Servicios Humanos, y también a través de cualquier otra agencia de servicios designada por el gobierno del estado.

Desarrollo de IDEA

Hasta aquí, mi querido lector o lectora especial, hemos visto de manera general que la ley IDEA prácticamente se aplica a través de todas las escuelas públicas en el país. Sin embargo, déjeme decirle que a nivel de las escuelas también ocurren debates sobre la interpretación o la aplicación de los principios de esta ley. Por ello, la participación de usted, papá, mamá especial que reside en Estados Unidos, es fundamental, de otra manera, será únicamente la escuela o los legisladores los que decidan la vida escolar y futura de su hijo o hija. Una manera de prevenirlo, es estar informados sobre los seis principios básicos de IDEA que aquí resumiremos y que todo padre de familia con niños o niñas y jóvenes que asisten a la educación especial en escuelas públicas, debe saber para el mejor desarrollo de sus seres más preciados y amados. En el caso de que se requiera información más detallada sobre los estatutos y regulaciones de IDEA, los puede encontrar en las bibliotecas públicas de su localidad, o bien puede consultar la página del gobierno federal de IDEA. En esta misma ley, apartado C, encontrará lo relacionado con los programas de estimulación temprana para infantes con discapacidades y sus familiares (véase, Apéndice 4).

Seis principios básicos de IDEA

Mi querido lector o lectora especial, prepárese para leer con atención estos principios básicos porque enfatizan adecuadamente la intención de IDEA. Sobre todo, en lo referido a la aplicación de los programas de educación pública especial y los servicios coordinados de apoyo que se llevan a cabo actualmente en la escuela de su hijo o hija. Entre otras cosas, estos principios básicos le indican lo fundamental para hacer valer su voz y voto en la definición de los planes y programas puestos al servicio de su ser amado.

Principio 1: Educación pública adecuada sin costo para los padres (*Free Appropriate Public Education*, **FAPE**)

Este primer principio de IDEA garantiza que cada niño, niña o joven, en edad de entre 3 y 21 años con alguna discapacidad, asista de manera gratuita a la escuela pública más cercana a su casa y reciba educación especial de acuerdo con sus necesidades. Los alumnos o alumnas que cursan la preparatoria (*high school*), tendrán así la posibilidad de participar también en actividades vocacionales. El concepto

41

escuela pública abarca la   educación   preescolar, primaria, secundaria y preparatoria.

Otro concepto en este primer principio es el de educación adecuada, sobre el cual la ley IDEA especifica que es aquella que se diseña sobre la base de las necesidades particulares de cada alumno o alumna. En sus estatutos, la Ley requiere que tanto la escuela como los padres de familia o tutores especiales identifiquen las necesidades del alumno o alumna para definir un programa educativo anual de acuerdo con las necesidades particulares de aprendizaje. En este primer principio básico, mi querido lector o lectora especial, vemos que de entrada la ley otorga tanto a la escuela como a los padres de familia especiales, tutores o representantes legales el derecho de conformar un equipo de trabajo, en una atmósfera cordial, donde todos tienen voz y voto para definir el programa educativo anual del alumno o alumna.

Seguramente ahora se estará preguntando cómo y con quién se lleva a cabo el trabajo en equipo en la escuela de su hijo o hija. En primer lugar, le comento que mediante un proceso de comunicación abierta, en el cual el maestro o maestra de su hijo o hija tiene la obligación legal de preguntarle su opinión sobre lo que usted y su ser amado consideran sobre la adquisición de los conocimientos, habilidades y destrezas necesarias con el fin de incluirlas en el programa de estudio. Por otro lado, es un mandato legal que la maestra o maestro le presente al equipo de maestros y terapeutas que trabajarán con su niño o niña. Conocer al equipo de trabajo es fundamental, sobre todo, al principio del ciclo escolar.

La definición de una educación adecuada en IDEA

Ahora bien, la mejor manera de definir una educación adecuada, es mediante la identificación progresiva del nivel de aprendizaje de los alumnos o alumnas. Es como tener una foto de "antes" de iniciado el programa educativo y de "después" de concluido. Muchos padres de familia y tutores especiales saben que parte del proceso consiste en una evaluación de necesidades en términos de aprendizaje, de habilidades y destrezas. En estas evaluaciones es fundamental que los padres den su opinión sobre las necesidades de sus seres amados. Quién mejor que los padres o tutores especiales para decirnos a los maestros las habilidades y destrezas que tienen sus hijos o hijas, lo que les gusta hacer, les motiva, necesitan, les molesta, lo que pueden comer, etc. Toda esa información que los padres facilitan es de suma importancia para los especialistas de la escuela encargados de la evaluación.

Pero ahí no termina la cosa, el siguiente paso para una educación adecuada consiste en que los resultados de la evaluación de conocimientos y habilidades también deberán ser puestos a consideración de los padres de familia, quienes a su vez expresarán su opinión sobre la definición de las metas académicas y servicios coordinados de apoyo propuestos para los siguientes 12 meses de la vida escolar de su hijo o hija. El programa escolar anual es también un mandato legal conocido como Programa de Educación Individualizada, al cual nos referiremos más adelante.

Una vez definido el plan de educación, los padres tendrán la oportunidad de ver más claramente el avance en las habilidades y/o aprendizaje de sus hijos o hijas. En este primer principio básico, otro concepto a definir en FAPE es el de educación gratuita, en referencia al sistema de educación pública del país, a donde niños, niñas y jóvenes con y sin discapacidades tienen el derecho de asistir. IDEA especifica que la educación gratuita se refiere a los costos de diseño de programas de educación especial y la instrucción misma que se brinda, sin embargo aclara que no incluye los gastos que las escuelas solicitan a los alumnos o alumnas, como materiales escolares, entradas a eventos, artículos de limpieza personal, etc.

Finalmente, IDEA enfatiza en este principio, que el personal de las escuelas públicas está obligado a mostrar apertura y respeto hacia los alumnos, alumnas y familiares de diverso estrato económico y de diferente condición socio-cultural. En casos necesarios, por mandato de IDEA, los distritos cuentan con personal de apoyo en diversos idiomas, de acuerdo con la población de cada localidad.

Principio 2. Evaluación adecuada o apropiada

En este segundo principio, se estipula claramente que antes de que los alumnos o alumnas reciban cualquier tipo de servicios de educación especial, deberán someterse a una evaluación diagnóstica que se llevará a cabo, de manera individual, por parte de la escuela. Esta evaluación diagnóstica psicológica o inicial del alumno o alumna, servirá para determinar el programa de educación especial y de apoyo necesarios.

La evaluación consiste en las mencionadas pruebas de inteligencia, así como de adaptación social, entre otras. El evaluador de la escuela reúne información sobre el alumno o alumna, sobre sus habilidades y destrezas, de modo que le permitan identificar un programa educativo adecuado que le sirva al alumno o alumna para integrarse lo antes posible a programas de educación general, o bien, para diseñar un programa educativo que prepare al alumno o alumna para una vida independiente llegada la edad adulta. En el caso de bebés e infantes que aún no están en edad escolar, el objetivo de la evaluación inicial o diagnóstica se centra en la identificación de necesidades de estimulación temprana adecuadas que los prepare para la transición hacia la educación primaria.

En este segundo principio de evaluación adecuada o apropiada, la Ley también señala el respeto por la diversidad cultural, e indica que tanto los procesos de evaluación, como los materiales, deberán ser seleccionados y administrados evitando cualquier tipo de discriminación racial o cultural. Unido a lo anterior, la Ley ordena que la información que se reporte acerca de cualquier evaluación deberá ser estrictamente confidencial. Más adelante retomaremos este último aspecto.

Tipos de evaluación por parte de las escuelas públicas

Como ya vimos, IDEA tiene en consideración que la mejor forma de proveer una educación apropiada es a partir de una evaluación adecuada. En términos generales, la Ley indica que ninguna evaluación se llevará a cabo sin la autorización de los padres de familia, los tutores o representantes legales. En principio, la escuela deberá contar con dicha autorización por escrito para proceder a la evaluación.

En IDEA se consideran, en general, tres tipos de evaluación durante la vida escolar de los alumnos o alumnas inscritos en educación especial. La primera de estas evaluaciones la señalamos arriba, esto es, la evaluación diagnóstica, utilizada para identificar el tipo de discapacidades y la implementación de los servicios iniciales. Se deberá realizar una reevaluación cada tres años.

El segundo tipo de evaluación se refiere prácticamente al examen sobre el avance de las habilidades y destrezas, o conocimientos en los alumnos o alumnas. Esta evaluación anual, se lleva a cabo por parte de los educadores, se basa en los objetivos de educación e instrucción especializada que se establecen de conjunto con el equipo de trabajo escuela-padres.

El tercer tipo de evaluación concierne a la evaluación por parte del Estado, es una evaluación de conocimientos. Se realiza en diferentes momentos, en dependencia del grado escolar. Este tipo de exámenes deberán ser adaptados a las necesidades físicas e intelectuales de los alumnos o alumnas de educación especial, esto es, en cuanto a tiempos y formas de respuesta, de acuerdo al grado escolar. Cuando los alumnos o alumnas están exentos de este tipo de examen, deberán responder a un examen alternativo. Todo ello deberá especificarse en el programa educativo del alumno o alumna.

Del dicho al hecho en evaluación

En lo que se refiere a evaluación diagnóstica, o evaluación inicial, permítame decirle, querido lector o lectora especial, que aunque usted no lo crea, si no se realiza bajo su supervisión, es decir, de manera adecuada como señala la Ley, puede acarrear una errónea educación de su hijo o hija con afectaciones para su vida presente y futura, por ejemplo, cuando los resultados no son debidamente interpretados por los especialistas. Con independencia de que, para prevenir ese tipo de irregularidades, la Ley especifica que los evaluadores deberán estar capacitados y preparados con entrenamiento para el uso de pruebas psicológicas y materiales de evaluación. Además se prevé que en casos necesarios, la evaluación se deberá llevar a cabo en el idioma de los alumnos, o alumnas.

Sin embargo, aunque la ley es muy clara, en la práctica se presta a una serie de errores, sobre todo cuando estamos frente a una población muy diversa, tanto dentro de las escuelas como fuera, y la complejidad humana se da vuelo. Por ello la participación de los padres de familia o tutores especiales es fundamental. Siempre hay que tener en cuenta que la evaluación diagnóstica ofrecida por la escuela puede no satisfacer a los padres de familia o tutores especiales, puede que no coincida con la información médica o psicológica previamente obtenida, o puede que simplemente se quiera saber más al respecto. Recuerde siempre que los padres y tutores especiales tienen la ley de su lado para expresar sus dudas y aclarar o aportar información adicional concerniente a las capacidades o estilos de aprendizaje de sus hijos o hijas. También tienen el derecho de solicitar que se aplique la evaluación y se informen los resultados en el idioma de la familia. Así pues, es muy importante expresar ante la escuela, ante el equipo de trabajo de su hijo o hija, las dudas y la sabiduría que sirvan para un programa realmente adecuado y efectivo tanto educativo, como de estimulación temprana.

Por ejemplo, un aspecto importante en la evaluación diagnóstica de alumnos o alumnas con discapacidades, es la muy mencionada prueba o "test" que mide inteligencia, o bien, las pruebas que miden niveles de conducta adaptada. Estos "tests" en principio están diseñados en inglés y a veces se aplican a alumnos o alumnas que están aprendiendo el idioma. Algunos de estos exámenes de inteligencia, con la mejor de las intenciones se traducen al español, pero a decir verdad, quienes elaboran esos "tests" son expertos cuya cultura es diferente a la de nuestros niños, niñas, y jóvenes latinos. Los resultados obtenidos en esas pruebas a veces son muy bajos, y es obvio que en ocasiones el problema radica en la comprensión del idioma. Afortunadamente, la Ley prevé este tipo de incidentes, y los padres de familia o tutores especiales tienen derecho a evitar tal arbitrariedad, mediante su intervención. Por otro lado, la ley especifica la protección en caso de algún tipo de discriminación racial y cultural. Aunque usted no lo crea, se dan casos de discriminación voluntaria o involuntaria que corresponde a los padres detener.

En lo que respecta a la evaluación sobre el aprendizaje, en ocasiones me he dado cuenta que alumnos y alumnas de secundaria (*middle school*) que aún no hablan inglés o que lo están aprendiendo, tienen calificaciones que indican un bajo rendimiento en lectura de comprensión en inglés o dificultades para entender una lectura relacionada con problemas en matemáticas. Ante tal situación, algunos maestros solicitan una evaluación, para determinar que estos alumnos o alumnas sean referidos a grupos de educación especial, asignándoles alguna discapacidad intelectual, o problemas de aprendizaje, cuando en realidad son alumnos o alumnas brillantes.

Usted, mi querido lector o lectora, estará de acuerdo en que el hecho de que alumnos o alumnas hablen otro idioma diferente al inglés no significa que tengan discapacidades intelectuales. Por eso el distrito escolar y las escuelas cuentan actualmente con educación bilingüe, y los alumnos se preparan de tal manera que se sienten tranquilos y motivados a asistir de manera progresiva a cursos o materias en inglés. Además, le comento que asignar a un alumno o alumna, sin problemas de aprendizaje, a determinados grupos de educación especial implica afectarle su vida escolar y futura. A veces la idea de referir niños y niñas a educación especial se debe a que actualmente los programas de educación general intentan mejorar los alarmantes niveles de lectura de comprensión en inglés y matemáticas. Los maestros prefieren mandar alumnos o alumnas a educación especial, en lugar de encontrar otras opciones que los apoyen, como es la educación bilingüe. Así que la participación de los padres de familia y tutores es fundamental en este segundo principio de IDEA.

Principio 3. Programa de Educación Individualizada (*Individualized Education Program*, IEP)

Este tercer principio especifica que cada alumno o alumna, deberá contar con un Programa de Educación Individualizada, conocido como IEP. Anteriormente, cuando hablamos del primer principio, nos referimos a este programa educativo anual que se diseña de conjunto con personal de la escuela y los padres de familia o tutores. Sin embargo, es importante destacar que el IEP es un documento legal que se basa en necesidades individuales de educación y desarrollo de los alumnos o alumnas.

Preparación para el IEP

El equipo de trabajo para la elaboración del IEP lo deben conformar los padres especiales, tutores especiales o representantes legales, educadores especiales, y al menos un educador de educación general que trabaje con el alumno o alumna. Si los padres de familia o maestros lo consideran, se sugerirá la asistencia del alumno o alumna. La Ley también otorga a los padres de familia especiales o representantes legales el derecho a asistir a las reuniones del IEP acompañados por representantes de alguna organización o institución local que brinde asesoría o apoyo en la elaboración del programa individualizado del alumno, o bien un representante legal. De igual manera, cuando sea necesario, el educador especial solicitará al distrito la presencia de un intérprete.

De acuerdo con IDEA, se deberá indicar quién es la persona responsable de elaborar o redactar el documento oficial, que generalmente es el educador especial del alumno o alumna. El documento escrito será presentado durante la reunión anual para revisión y aprobación, principalmente de los padres de familia, tutores o representantes legales. El IEP puede ser revisado, tanto durante una reunión inicial del alumno o alumna, como durante la reunión de reevaluación cada tres años. Ese proceso se deberá realizar hasta que el alumno o alumna cumpla 21 años. En la eventualidad de que los alumnos o alumnas cumplan sus 22 años días o meses después de su reunión anual, tendrán la oportunidad de terminar el ciclo escolar, incluso si la reunión de su IEP es al inicio del ciclo escolar. Por ejemplo, la fecha de reunión de IEP para una de mis alumnas que tenía 21 años fue en el mes de agosto, cuando comienza el ciclo escolar, sin embargo su cumpleaños número 22 fue en octubre, y a petición de sus padres, mi alumna continuó con los servicios de educación especial y de apoyo durante todo ese ciclo escolar.

Al continuar con la programación del IEP vemos que, una vez aprobado el documento oficial por los padres de familia, es obligación de la escuela proveer la educación especial y los servicios coordinados de apoyo que hayan sido acordados y especificados en el documento. Así mismo, los padres deberán recibir cada trimestre un informe acerca del avance del programa. Este reporte generalmente se envía a la casa por correo o con los alumnos o alumnas. Es importante señalar que durante el la reunión del IEP, los padres pueden solicitar y obtener la versión en español del IEP de su hijo o hija. Ahora bien, en el caso de los bebés, infantes y familias que reciben atención de estimulación temprana, IDEA cuenta con un documento legal similar al IEP, donde se especifica un plan individualizado de desarrollo, conocido como Plan de Servicio para el Individuo y la Familia (*Individualized Family Service Plan*, IFSP) donde, como se indicó, la ley prevé asesoría gratuita, supervisión y seguimiento del desarrollo individual.

Partes que componen el Programa de Educación Individualizada (IEP)

El documento acordado entre los padres y la escuela debe indicar las características generales del alumno o alumna, y debe incluir la opinión de los padres sobre los puntos fuertes y las necesidades de educación del alumno o alumna. De igual manera, debe indicar el nivel de aprovechamiento escolar actualizado y los motivos por los que se deberán proporcionar los servicios de educación especial. Deberá definir, además, el número de horas y materias que el alumno o alumna recibirá tanto en su educación especial como en la general.

En las reuniones iniciales y en las de reevaluación que se realizan cada tres años, se debe conversar con los padres sobre la evaluación diagnóstica, es decir, sobre los resultados que reportaron las pruebas aplicadas, para definir el tipo de discapacidad. Recuerde, ello debe coincidir con la información antes compartida a nivel de maestros y terapeutas que conforman el equipo de trabajo del alumno o alumna de manera confidencial. En el caso de las reevaluaciones, los especialistas deberán valorar cualquier cambio en lo referido a la discapacidad de los alumnos, desde el punto de vista médico, psicológico y académico. Las reuniones para revisar el programa educativo se deberán celebrar anualmente. Sin embargo, en el caso de que los padres de familia lo requieran, porque consideren que su hijo o hija no está progresando en sus metas de instrucción, o porque algo inesperado ocurre, tienen el derecho de requerir una reunión en cualquier momento del ciclo escolar.

Al seguir con las partes del IEP vemos que se deberá brindar información sobre el tipo de enseñanza- aprendizaje más afín al estilo del alumno o alumna, lo que le motiva para que se dé el aprendizaje o las destrezas de manera más efectiva. Durante la misma reunión se presentan también los resultados de la evaluación académica y de destrezas que se realiza a nivel de educadores especiales, por parte de maestros de educación general y extracurricular, donde participa el alumno o alumna. Para ello, IDEA establece que deberá indicarse claramente el progreso, o en su caso las dificultades encontradas para que se cumplan las metas de aprendizaje establecidas anteriormente para cada alumno o alumna. Además, deberán indicarse las medidas correctivas aplicadas por el educador o educadora, las cuales en su momento debieron ser del conocimiento de los padres de familia o tutores, mediante el reporte trimestral del avance en las metas educativas de sus hijos o hijas.

Otra información que conforma esta parte del IEP es la relacionada con la evaluación de los exámenes estatales, que el alumno o alumna haya presentado. Hasta aquí el IEP debe ofrecer una "foto" completa del alumno o alumna para continuar con el nuevo programa individualizado que se deberá poner en marcha durante el siguiente año.

Objetivos de instrucción

Se refiere a la especificación, de forma clara, objetiva y medible de las metas de instrucción que se deberán llevar a cabo durante el ciclo escolar. Para casos específicos, como los alumnos con severas discapacidades, los objetivos de

53

instrucción deberán ser especificados aún con más detalle, tanto para el primero como para el segundo semestre. Deberá indicarse así también la fecha de inicio y término del programa educativo a desarrollarse durante los siguientes 12 meses. De igual manera deberá indicarse el tipo de servicios coordinados de ayuda, especificando el número de horas de cada servicio o terapia,   sea semanal,   mensual, o incluso semestral, de acuerdo con las necesidades del alumno o alumna.

Otro aspecto relacionado con los objetivos de instrucción se refiere específicamente a las modificaciones o adecuaciones necesarias para que se facilite el aprendizaje, en dependencia de las necesidades individuales. Por ejemplo, cuando los alumnos o alumnas participen en educación general deberá indicarse si los alumnos requieren asiento preferencial, tipo de materiales, formas de suministrar la información, tipo de ayuda o supervisión continua por parte de un adulto, o tipo de asistencia tecnológica, tales como dispositivos electrónicos para comunicarse. Estas adecuaciones se deberán extender para la evaluación anual estatal, ya sea en su versión para educación general o alternativa.

Programa de transición para la vida adulta

Otro de los componentes de importancia del IEP indica que para los alumnos o alumnas con 14 años de edad, se debe iniciar un programa de transición hacia la vida adulta. Este programa de transición deberá llevarse a cabo conjuntamente con el especialista asignado por parte de la escuela quien, a su vez, será responsable de actualizarlo anualmente una vez iniciado. Los servicios de transición se refieren a la búsqueda de actividades vocacionales que les sirva para la vida adulta, o bien actividades en las que podrán participar después de la preparatoria. Las actividades vocacionales se inician generalmente durante el tercer año de preparatoria. Por su parte, el especialista de transición escolar, por mandato, deberá encargarse de que todo alumno o alumna sea informado sobre sus derechos civiles un año antes de alcanzar la mayoría de edad, de modo que pueda tomar sus propias decisiones. En caso necesario, el Estado requerirá que los padres de familia nombren un representante legal. En casos que he tenido la oportunidad de conocer, han sido los mismos padres de familia los que han ejercido el derecho de representar a sus hijos o hijas.

Principio 4: Mínima segregación escolar (*Least Restrictive Environment*,LRE)

En este cuarto principio, IDEA señala que las escuelas, en lo posible, deberán permitirles a los alumnos o alumnas con discapacidades participar de la educación general con alumnos sin discapacidades. Sin embargo, la ley señala que la única causa por la que los alumnos con discapacidades pueden ser separados de grupos de educación general, es debido a la severidad de la discapacidad, cuando aun con el uso de asistencia tecnológica se dé la situación de que el aprendizaje no pueda ser satisfactorio. Tal afirmación, mi querido lector o lectora especial, es la clave para muchas interpretaciones, mezcladas con otras actitudes, por parte de educadores y administradores de la escuela, en lo referido a la inclusión o no de alumnos y alumnas con discapacidades en grupos de educación general. Sobre esto se han sucedido debates, negociaciones y complejidades que comentamos anteriormente. De ahí la importancia de la decisión del equipo del IEP de proporcionar una educación incluyente.

A manera de reflexión sobre este principio, que al parecer es un tanto abierto a la interpretación personal, qué pensaría usted si le digo que en algunos países de Europa las escuelas públicas no cuentan con salones exclusivos para educación especial y que los alumnos o alumnas con discapacidades, se ubican con los de educación general de acuerdo con su edad. Los maestros de educación especial trabajan conjuntamente con maestros de educación general en la adaptación del plan de estudios, para que participen todos los alumnos y alumnas. Si piensa que los gobiernos de esos países tienen una voluntad política orientada hacia la participación o inclusión de alumnos y alumnas con alguna discapacidad en comunidades escolares, tiene toda la razón.

De paso le comento que estudios han comprobado que grupos donde participan alumnos o alumnas con y sin discapacidades resulta muy benéfico para todos en términos de aprendizaje y habilidades o destrezas, porque de esta forma se ofrece, entre otros, la oportunidad de desarrollar amistades y mutuo apoyo entre niños y jóvenes de la misma edad. Incluso IDEA señala en este principio que:

> La discapacidad es algo natural en la experiencia humana y en ningún sentido reduce o afecta el derecho de los individuos de participar y contribuir en sociedad. El mejoramiento de la educación para niños con discapacidades es elemento esencial en nuestra política del Estado para asegurar la igualdad de oportunidades, total participación, vida

independiente y autosuficiencia económica de individuos con discapacidades (IDEA 2004,601, c, I).

Sin embargo, como le comento, ello está sujeto a las acciones de los padres de familia abriendo caminos de participación para sus hijos o hijas. Niños, niñas, jóvenes con severas discapacidades también tienen el derecho de sentirse parte de la comunidad escolar. En principio, tienen el derecho de tomar sus alimentos en la cafetería de la escuela, tanto en la mañana como al mediodía, en el mismo horario de los demás alumnos o alumnas, independientemente de la severidad de la discapacidad que confronten; y de asistir a las asambleas y a clases optativas, como es el caso de las preparatorias que cuentan con las clases de orquesta, banda, arte, ballet folclórico, etc. En todas esas actividades, hay presentes aspectos sensoriales, al mismo tiempo, se da el desarrollo de interacciones sociales que a la mayoría de los chavos y chavas les gusta.

Dicho sea de paso, siempre he considerado que mis alumnos son los verdaderos maestros, tanto de educadores como de alumnos o alumnas de educación general. Sobre todo, alumnos y alumnas con severas discapacidades, quienes de manera natural enseñan aspectos de vida, amor y esperanza. Esos son los componentes básicos y esenciales de la vida misma. Es muy gratificante que tanto los alumnos con y sin discapacidades se saluden cuando se encuentran en los pasillos, o en la cafetería, que se digan "hola" o que "choquen" la mano y los nudillos. Otros alumnos deciden abogar por los derechos humanos de sus compañeros y compañeras de educación especial. Es muy gratificante que mis alumnos se sientan parte de la comunidad a la que pertenecen.

De nuevo sobre este cuarto principio básico de IDEA, digamos que la inclusión o participación de alumnos y alumnas en grupos de educación general aún requiere de especificaciones y procedimientos más claros. Podemos decir que actualmente se encuentra en el espíritu de la ley, sin embargo, se requiere todavía que algunas escuelas ejerzan una apertura y liderazgo para ello.

En ocasiones me ha sucedido que algunos maestros no tienen idea de cómo trabajar conjuntamente con alumnos o alumnas y maestros de educación especial, pero tienen la voluntad de hacerlo y eso es lo importante. Como educadores especiales, estamos preparados para conducir y colaborar en la inclusión escolar. Por ejemplo, cuando le solicité al maestro de cerámica y arte, la posibilidad de llevar a mis alumnos de preparatoria a su clase, medio se asustó y me pidió que "probáramos" la participación en una clase y "para ver" qué pasaba, obviamente acepté y además le aseguré, para relajarlo, que yo iba a estar ahí con dos asistentes. Al final de la primera clase, el maestro prácticamente me suplicó que regresara a la siguiente semana, que mis alumnos y mi alumna eran súper bienvenidos.

En otra ocasión le solicité a un maestro de educación física permiso para llevar a mis alumnos, también con severas o múltiples discapacidades, a su clase en el gimnasio de la escuela, y de esta manera se promovía la interacción social e inclusión en la comunidad escolar. El maestro, que a su vez fungía como jefe de departamento del área, me dijo que sí, pero antes necesitaba "convocar" a una reunión con la directora de la preparatoria, además solicitó que estuvieran presentes en la reunión y durante las clases con mis alumnos y alumna los terapeutas de educación física adaptada de la escuela, etc., En fin, casi me pide la vacuna del mosquito. En otras palabras, el maestro me dijo que sí, pero no me dijo cuándo. Ante tal actitud burocrática, solicité la intervención de la autoridad máxima de la preparatoria, quien a su vez le dijo al maestro que estaba discriminando a mis alumnos, y a "regañadientes",   renuente a sentirse acusado de discriminador, me fue a decir que esperaba a mis alumnos en su clase de los viernes durante el cuarto periodo. No tomé su actitud de manera personal, así que llevé a mis alumnos y mi alumna a su clase. Después, poco a poco, el maestro le fue bajando rayitas a su arrogancia y al término del semestre se pudo percatar de la gratificante e increíble enseñanza de vida que representó, tanto para sus alumnos como para él mismo, la participación de mis alumnos y mi alumna en su clase. Aunque usted no lo crea, terminó regalándoles playeras que, por cierto, me dijo que él las había comprado.

Por otro lado, es importante mencionar que la educación incluyente puede adaptarse y cubrir objetivos de instrucción académica, de tipo sensorial o interacción social comunitaria. En el caso de objetivos de instrucción, he tenido también la oportunidad de incluir a mis alumnos de secundaria en clases de educación general de salud y computación. En la clase de salud la maestra me facilitaba sus lecciones y la copia de materiales, yo les adaptaba a mis alumnos y alumnas el vocabulario, tamaño de la letra, contenidos, dibujos etc. Así también conjuntamente definimos la forma de calificar el aprovechamiento escolar. En estos casos, y de acuerdo con lo establecido por IDEA, tanto la maestra de cómputo como la de salud participaron en las reuniones de IEP de mis alumnos y alumna, presentaron sus evaluaciones y su increíble experiencia de trabajar con ellos y ella.

Así pues, mi querido lector o lectora especial, antes de pasar al siguiente principio de IDEA, mi deseo ferviente es que usted esté de acuerdo conmigo en que la inclusión en actividades académicas y recreativas es un derecho que se puede disfrutar en cualquiera de los niveles de la educación especial, y que los padres de familia y educadores especiales tienen un gran boleto para abrir caminos en la promoción de una cultura incluyente, y una cultura que deje muy claro que la escuela es para todos. Es también una cuestión de los derechos humanos y civiles de nuestros seres amados.

Principio 5: Participación del alumno o alumna y del padre o la madre en la toma de decisiones para la elaboración del programa educacional de los alumnos

Este principio es un tanto reiterativo, en cuanto a la participación de los padres. Sin embargo, me gustaría compartir lo que IDEA afirma al respecto:

> En 20 años de investigación y experiencia ha sido demostrado que la educación de niños, niñas y jóvenes con discapacidades, puede ser más efectiva mediante el fortalecimiento del papel de los padres (…) tanto en la escuela como en el hogar. [Sección 601 (c) (5) (B)]

De esta manera, IDEA asegura que tiene mucho sentido el hecho de que padres especiales, tutores o representantes legales, así como los alumnos o alumnas participen en la toma de decisiones en lo que a su educación y desarrollo se refiere. Como vimos anteriormente, IDEA se pregunta muy atinadamente cómo se pueden tomar decisiones que afectan la vida de los hijos o hijas sin la participación de los padres, o en su defecto, de sus representantes legales. Cómo preparar a un alumno o alumna para la vida adulta sin permitirle tener voz y voto.

Por ejemplo, cuando se elabora el plan de transición hacia la vida adulta, se deberán tomar en consideración los intereses y preferencias particulares del alumno o alumna. IDEA establece que el alumno o alumna, deberá ser invitado a este tipo de reuniones. Así también, otro de los beneficios de esta participación es que el alumno se encamina hacia el desarrollo de habilidades para la toma decisiones y su autodeterminación en relación con su vida futura. Es también responsabilidad de los padres motivar a sus hijos o hijas a que tomen sus propias decisiones y asuman sus responsabilidades. Más adelante hablaremos sobre esto con detenimiento.

En este principio se destaca o reitera que los padres especiales, tutores o representantes legales de los alumnos o alumnas deberán ser notificados y se les deberá pedir su opinión en absolutamente todo lo que se refiere al programa educativo especificado en el IEP de sus seres amados. Así también, IDEA otorga al alumno o alumna el derecho a participar en la elaboración de su propio plan de educación IEP.

61

Principio 6: Procedimientos de precaución o seguridad (*Procedural Safeguards*, PS)

Estas medidas o procedimientos también están encaminados a proteger los derechos civiles de alumnos o alumnas así como los de sus padres o representantes legales. La Ley estipula que las escuelas no deberán tomar decisión alguna en relación con los alumnos o alumnas sin informar previamente a los padres de familia, tutores o representantes legales. Aquí también se incluyen los permisos para sacar fotos o videos a los alumnos o alumnas, independientemente de que sea con fines educativos y de evaluación del aprendizaje o del programa de destrezas. De igual manera se incluyen los permisos para ir a paseos o actividades vocacionales en la comunidad local. Por otro lado, este principio asegura que tanto padres de familia o tutores y en su caso alumnos o alumnas tienen el derecho de acceder a la información personal existente en la escuela que se considere necesaria para la toma de decisiones. Por ejemplo, acceso a documentos del alumno o de la alumna, como los resultados de la evaluación diagnóstica, o los resultados de la evaluación estatal, etc.

En ese sentido, es importante mencionar la existencia de una ley a nivel federal que refuerza este principio. Esta ley se conoce como Derecho de la Familia, Educación y Privacidad (*Family Educational Rights and Privacy Act*, FERPA) cuya finalidad es proteger la privacidad de información de los alumnos y alumnas existente en las escuelas. La ley FERPA especifica que los padres, representantes legales o en su caso alumnos o alumnas mayores de 18 años tienen el derecho de revisar la documentación personal existente en la escuela. De igual manera, tienen el derecho de requerir copia de documentos personales que se encuentren resguardados en la escuela, dado el caso, por ejemplo, de algún error o también para aclarar situaciones particulares. Por otro lado, la escuela deberá solicitar a los padres de familia o tutores legales permiso por escrito para facilitar copia de información personal del alumno o alumna, salvo en algunas condiciones, por ejemplo, cuando el alumno o alumna es transferido a otra escuela, o cuando existen razones meramente profesionales al interior de la misma escuela, agencias de financiamiento escolar, por cuestiones judiciales, etc. (véase Apéndice 4).

Finalmente, en este principio de medidas de seguridad, también se les otorga a los padres especiales, tutores o representantes legales, el derecho a manifestar cualquier desacuerdo relacionado con alguna acción tomada en la escuela con respecto a las actividades de sus hijos o hijas. En este caso, IDEA ofrece procedimientos para resolver conflictos, como mediación entre las partes. En caso necesario, los padres tienen el derecho a emprender una acción civil para llevar sus demandas ante la Corte Judicial, cuando se demuestre detrimento en la educación de sus hijos o hijas, o bien una violación de los derechos otorgados por IDEA.

Hasta aquí, mi querido lector o lectora especial, hemos revisado de manera general los principios básicos de la estructura legal en Estados Unidos para la educación especial al servicio de nuestros seres amados, donde más claro que el agua se observa la importancia de mantenerse al pie del cañón para identificar y formar parte del cómo, dónde, cuándo y con quién vamos a trabajar en el presente y futuro de los alumnos o alumnas que reciben servicios de educación especial (para mayor información, véase Apéndice 4).

Capítulo IV

Excepcionalidades definidas por IDEA: Verdaderas lecciones del trabajo con alumnos únicos y alumnas únicas en su adaptación al medio ambiente

Como vimos anteriormente, es fundamental que educadores y padres de familia especiales trabajemos en equipo, hombro con hombro, por el bienestar y desarrollo de niños y niñas con alguna discapacidad o excepcionalidad. Esta participación conjunta debe darse desde las evaluaciones iniciales o de diagnóstico, que se realizan para determinar cualquier tipo de discapacidad o excepcionalidad y el acceso a servicios de educación especial y servicios coordinados de apoyo. Por lo general es extremadamente difícil para los padres este proceso de evaluación psicológica, independientemente de que se trate de algún tipo de discapacidad leve, moderada o severa. Siempre todo ese proceso implica mucha angustia para los progenitores, sin embargo la participación en el proceso es invaluable.

En principio, esta participación por parte de los padres de familia consiste básicamente en aportar toda la información relacionada con las preferencias de sus hijos o hijas. Al mismo tiempo, consiste en hacer preguntas. Como ya mencionamos, jamás debemos quedarnos con dudas sobre los reportes de la evaluación diagnóstica, o sobre los procedimientos relacionados con la estimulación temprana. De igual manera, debemos hacer preguntas que consideremos necesarias sobre la definición de metas de aprendizaje de nuestros seres amados.

En lo personal, permítame comentarle que he participado en reuniones del Programa de Educación Individualizado (IEP) para determinar si el alumno o la alumna debe continuar o no en educación especial. Durante esas reuniones a veces los especialistas evaluadores que nos dan el reporte del diagnóstico del alumno o alumna, nos salen con palabras muy "domingueras", o con números y porcentajes que únicamente entiende el otro especialista en la materia.

En una ocasión, durante la reunión de IEP de un alumno que iba a pasar de primaria a mi salón de clases en secundaria, nos encontrábamos el equipo de la escuela reunido, cuando la psicóloga especialista de evaluación llegó muy propia con su expediente de más de ochocientas páginas y empezó a dar sus resultados usando un vocabulario técnico, algo así como, "comparando con sus recientes reportes, los resultados en lectura son de 4.0, en ortografía 3.0 y aritmética .90, estos aparecen de alguna manera por debajo del promedio del alumno, ello de acuerdo al grado escolar. En relación a la coordinación motora fina, esta se registra ligeramente por debajo del promedio". Mientras la especialista hablaba, yo veía que la mamá tenia ojos de "no entiendo nada" con todo y que tenía un intérprete del inglés al español. Era obvio que la mamá estaba nerviosa porque estábamos hablando de su hijo único que pasaba a la secundaria. Al ver su cara de "¿qué dice?", tuve que intervenir para decirle que no se preocupara, que en principio, la especialista reportaba que su hijo estaba bien, que en general recomendaba que el niño trabajara más en lectura y escritura, y también que practicara más sumas, restas, de acuerdo con su plan de educación anual. En realidad, la especialista recomendaba que el alumno le "echara más ganas" a la escuela. Cuando le hice mis comentarios a la mamá, respondió, "ah, bueno". También le dije que si tenía dudas las expresara, pero todo era muy rápido y muy nuevo para ella, la señora nunca antes se había reunido con el equipo de la escuela de su hijo, un equipo de trabajo donde, sin saberlo, ella era un integrante clave para la toma de decisiones. La mamá solo conocía a la maestra, prácticamente de vista. Al que conocía súper bien obviamente era a su hijo y nunca dijo nada sobre él durante esa reunión. Ya después, en cortito, me platicó sobre sus temores, porque su hijo había tenido una cirugía de cerebro muy delicada, también me comentó sobre su trabajo y sobre quiénes conformaban la familia de su hijo. De paso, me platicó sobre las cosas que más le gustaban a su adorado retoño. Todo ello fue información valiosísima para mí como futura educadora de su hijo.

Así pues, mi querido lector o lectora especial, déjeme decirle que en lo personal, si yo no entiendo un término, siempre pido que me lo expliquen en palabras más simples, y si es el caso con peras y con manzanas. Es mi derecho entender todo lo relacionado con mi persona y, sobre todo, lo relacionado con mis seres amados. Por otro lado, regresando a nuestro tema, la escuela debe ser una extensión de la casa con los padres, con los abuelos, donde los niños, niñas se sienten a gusto, contentos, y donde aprenden a relacionarse con los demás.

Aunque usted, mi querido lector o lectora, no lo crea, la escuela y el hogar familiar están fuertemente relacionados en términos de aprendizaje y desarrollo. Recordemos que es el hogar familiar donde aprendemos nuestros valores y emociones. Por ejemplo, hay niños que reaccionan ante algún tipo de música aprendido en casa. A mí todavía me encantan las cumbias y los mariachis que escuchaba cuando era una pequeñuela en casa de mis tías y de mi adorado abuelito Don Basilio, al que llamaba "Papa Chilo". Así que imagínese que tan importante es un hogar cuando es ahí donde se aprende a hablar un idioma, a expresarse con dichos y "diretes", a reír y, no se diga, a enojarse también.

Coeficiente Intelectual y Pruebas de Inteligencia

Antes de entrar en materia de definiciones sobre lo que IDEA identifica como discapacidad o excepcionalidad para tener acceso a educación especial, me gustaría hacer unas consideraciones y comentarle que, cuando tenemos niños o niñas con alguna discapacidad, vamos a escuchar mucho sobre "Coeficiente Intelectual" (*Intelligence Quotient*, IQ) o sobre las muy mencionadas Pruebas de Inteligencia. Todo ello nos lleva generalmente a la idea de una aparente falta de intelecto o inteligencia.

Como comentamos en nuestro capítulo dedicado a hacer una reseña histórica, estas pruebas aparecen en Estados Unidos a partir de la Primera Guerra Mundial. En la actualidad, las pruebas de inteligencia son parte de un grupo de pruebas psicológicas que se aplican en escuelas públicas para evaluar a alumnas y alumnos que pudieran presentar problemas de aprendizaje, o cualquier otra discapacidad. Estas pruebas o "tests" de inteligencia, indican en general los niveles en relación con las capacidades cognitivas, como la capacidad de memoria, aprendizaje, lenguaje, pensamiento, coordinación de movimientos voluntarios.

En cuanto a la interpretación de los resultados obtenidos en esas pruebas, se dice que cuando reportan un resultado de 100, indica una inteligencia promedio o "normal aceptable". Si el resultado es de 110, indica una inteligencia por "encima del promedio aceptable". Por el contrario, si el resultado es 90, indica una inteligencia por "debajo del promedio normal". Si el resultado es 80, o menor, indica una discapacidad o deficiencia intelectual y así, conforme disminuye el número, indica una deficiencia intelectual leve, moderada, severa, o profunda.

Ahora bien, si usted mi querido lector o lectora, considera que estas pruebas tienen la verdad, y nada más que la verdad para medir inteligencia sobre la base de las capacidades del lenguaje, pensamiento, memoria, coordinación motora o movimiento, pues, déjeme decirle que, como vimos anteriormente, eso no es totalmente posible, porque, por ejemplo, para evaluar la coordinación de movimientos necesitamos pedirle a un niño o niña que repita determinada actividad varias veces y no solo nos debemos limitar a observar un par de ocasiones para asignar una calificación o puntos. Esto en el mejor de los casos, porque hay situaciones en que la medición de los niveles de lenguaje y pensamiento, aunque usted no lo crea, implica evaluar una serie de habilidades para resolver problemas, comunicarse, interactuar socialmente, donde se incluyen también las formas de reaccionar ante situaciones emocionales.

Todas estas respuestas del niño o de la niña varían enormemente, porque no es lo mismo desenvolverse frente a un evaluador, un tanto desconocido, que con su familia, donde el niño o niña se siente seguro y confiado resolviendo problemas, como decidir qué playera o pantalón se pone para ir a casa de sus primos; o bien resolviendo asuntos con amiguitos que hablan el mismo idioma. No es lo mismo estar frente a un evaluador, por muy amigable y carismático que sea, tratando de seguir instrucciones en condiciones muy diferentes a las acostumbradas, para demostrar que puede responder de forma hablada o verbal y de esta manera resolver los problemas que le presenta un evaluador. En esas condiciones "poco naturales" las respuestas cambian totalmente.

Pero ahí no termina la cosa, por otro lado, tenemos que la mejor prueba de inteligencia diseñada para la población angloamericana o anglosajona está muy lejos de representar la inteligencia de algunas comunidades latinas, que se caracterizan por ser dicharacheras, "guapachosas" y "guajirindongas". Sí, mi querido lector o lectora especial, se ha dicho mucho al respecto y se ha estado de acuerdo entre los que saben, de que es mejor evaluar los niveles de inteligencia mediante formas más amplias, tanto en la escuela como en el hogar-comunidad. Una vez hecha esa observación sobre la propuesta para evaluar inteligencia, entonces será posible analizar y determinar las necesidades individuales de los alumnos o alumnas. De esta forma sería posible identificar las oportunidades de aprendizaje y desarrollo que se necesitan en la escuela, en la casa y en otros lugares. Los que saben dicen que solo así será posible la adquisición y mejoramiento del aprendizaje, habilidades y destrezas personales presentes y futuras.

Dicho sea de paso, una de las organizaciones nacionales que ha trabajado arduamente en orientar acerca de la definición de Deficiencia Intelectual, teniendo como base los aspectos sociales y culturales, es la Asociación Americana para la Deficiencia Intelectual y de Desarrollo (*American Association on Intellectual and Developmental Disabilities*, AAIDD). Esta organización afirma que la manifestación de una deficiencia intelectual en individuos, se encuentra relacionada con una deficiencia para hacerles frente a las necesidades cotidianas y para llevar a cabo una vida social e independiente. La misma organización nos dice que la manifestación de una deficiencia intelectual se caracteriza por limitaciones significativas o moderadas en la adquisición de conocimientos y en las habilidades de adaptación social en la comunidad local. AAIDD también afirma que la deficiencia intelectual se manifiesta antes de los 18 años de edad, de ahí la importancia de los programas de estimulación temprana de educación especializada.

Como veremos más adelante, estas afirmaciones nos llevan a analizar la importancia de que los alumnos o alumnas con alguna deficiencia intelectual aprendan a funcionar en la vida diaria, o sea, a valerse por sí mismos en la vida. Esto puede ir desde ser capaces de realizar funciones simples, como aprender a comer, o vestirse, hasta llevar una vida independiente que incluye tener y conservar un empleo.

Otras consideraciones que impactan la educación

En general podemos decir, sin temor a equivocarnos, que todos somos diferentes, todos tenemos aspectos "fuertes" y "débiles" en nuestras habilidades personales, estilos y tiempo para aprender, se suele decir que cada quien aprende a su propio paso. Ni se diga de la personalidad y el temperamento de cada quien, donde están incluidas reacciones emocionales, o en lo referido a la diversidad socio- económica y cultural de los alumnos o alumnas y sus familias. En la educación especial todos esos aspectos no pueden ser dejados a un lado, al contrario, siempre deberán ser considerados. Aunque usted no lo crea, todo ese multifacético lado representa lo maravilloso de la educación especial. Porque estamos frente a todo un abanico de posibilidades que implica, en muchas ocasiones, un hermoso misterio de amor para entender y aprender de nuestros alumnos o alumnas cada día.

Lo importante para que un niño o niña desarrolle sus habilidades personales y académicas, no radica en trabajar propiamente con la discapacidad o excepcionalidad que se haya determinado para tener acceso a educación especial, sino en trabajar con las llamadas fortalezas individuales. Ahora bien, en términos de excepcionalidades o discapacidades, falta mucho por decir, estas se presentan en un rango muy amplio de variaciones que corresponde a los médicos y científicos definir.

Excepcionalidades o discapacidades definidas en IDEA

Esta ley reconoce varias categorías de excepcionalidades o discapacidades, para de esta forma proveer servicios de educación especial. En esas categorías la ley incluye a prácticamente todos los alumnos o alumnas con necesidades especiales, ya se trate de problemas de tipo emocional, aprendizaje, salud frágil, impedimentos físicos o la combinación de varias discapacidades. A su vez, la categorización de discapacidades se relaciona con el nivel leve, moderado o severo que afecte al aprendizaje o desarrollo. Las categorías que reconoce la ley IDEA para tener acceso a educación especial y servicios coordinados de apoyo, son las siguientes:

Autismo. Se le considera un desorden de tipo neurológico o Trastorno de Desarrollo Permanente y Profundo (*Pervasive Developmental Disorder*). Como la mayoría de los trastornos, el autismo presenta un rango muy amplio que va desde alumnos o alumnas con un alto nivel de autosuficiencia, hasta el otro extremo que se considera severo o de muy bajo nivel de autosuficiencia. IDEA reconoce tres características del autismo que impactan o afectan la vida cotidiana y el aprendizaje del alumno o alumna:

La primera de ellas se relaciona con las áreas de comunicación y lenguaje, donde los alumnos o alumnas experimentan dificultades para expresarse y organizar ideas, ya sea habladas o escritas. La segunda característica se refiere a la habilidad de interacción social, la cual puede presentase en diversos grados de dificultad. En estas condiciones los alumnos o alumnas pueden mostrar una aparente falta de interés hacia las personas, dificultad para comprender los sentimientos de otros, y dificultad de contacto visual. La tercera característica se refiere a los casos en los que aparecen ciertas conductas identificadas como movimientos repetitivos, repetición de palabras escuchadas, sacudimiento de manos o balanceo del cuerpo, exagerado apego a objetos, y resistencia al cambio en sus rutinas. En ocasiones aparecen conductas de agresividad, que generalmente se relacionan con una marcada sensibilidad hacia ruidos y hacia el tacto.

Expertos dicen que en Estados Unidos el autismo es un trastorno que se puede dar en 5 de cada 10 mil individuos y se presenta más en niños que en niñas. Estudios también reportan que aproximadamente un 75 por ciento presenta algún tipo de problema de deficiencia intelectual. En cuanto a los servicios de educación especial, los alumnos o alumnas con algún tipo de autismo deben contar con el apoyo de trabajadores sociales, especialistas en autismo, educación física adaptada, terapeutas de lenguaje que ofrezcan diversas dinámicas de grupo e individual, además de tecnología con dispositivos y computadoras.

Deficiencia intelectual. Hace un tiempo atrás se le conoció como *retraso mental*, y como comentamos anteriormente, niños, niñas y jóvenes con esta excepcionalidad pueden presentar grados de deficiencia entre leve, moderada y severa o profunda. Se dice que aproximadamente un 2 por ciento de la población cae en esta excepcionalidad, aunque un 85 por ciento de ellos son personas con una deficiencia intelectual moderada. Como mencionamos, niños, niñas y jóvenes con esta excepcionalidad se enfrentan a ciertas dificultades del aprendizaje de habilidades, como la forma de alimentarse, caminar, hablar, y hasta de vivir de manera independiente.

Los que saben dicen que existen cientos de causas para que se presente esta excepcionalidad, las más comunes se asocian con los llamados síndromes, que en general aparecen durante la gestación en el vientre de la madre como, por ejemplo, el Síndrome de Down, conocido como a una variación congénita en la composición de cromosomas durante la formación del ser amado. Otra de las causas de la deficiencia intelectual se asocia con el Síndrome de Alcoholismo Fetal, el cual se refiere a un grupo de problemas, malformaciones y deficiencias en el momento del nacimiento, causados por el consumo de alcohol por parte de la madre durante la gestación de su bebé. En esta, como en todas las demás excepcionalidades, la intervención temprana es fundamental para un mejor desarrollo, y deberá estar orientada a motivar a los niños o niñas a descubrir el mundo con todos y cada uno de sus sentidos sensoriales, incluidos la vista, oído, tacto, gusto y olfato; sobre todo, deben sentirse amados o amadas en toda la extensión de la palabra y de esta manera deberán crecer y desarrollarse.

En lo que respecta a los servicios escolares, se recomienda educación especial, así como la participación en cursos de educación general con las adecuaciones necesarias. Al igual que en la estimulación temprana, se recomienda empezar lo antes posible con terapias de lenguaje, ocupacional, física, y de educación física adaptada. Si fuera necesario, se recomienda el servicio de especialistas en asistencia tecnológica para ayudar a la comunicación.

De acuerdo con la ley IDEA, alumnos o alumnas con deficiencia intelectual pueden participar en un programa de empleos y de entrenamiento vocacional. Para ello, las dependencias de educación pública de Estados Unidos elaboran acuerdos con agencias que brindan oportunidades de empleo a los alumnos y alumnas.

Impedimentos visuales y/o ceguera. La distancia visual se mide en números y proporciones, como 20/30. Ello implica que la persona puede ver a unos 20 pies de distancia, o sea 6 metros. Generalmente se dice que una persona puede ver a una distancia de 30 pies (aproximadamente 9 metros). Ahora bien, un alumno o alumna con un campo visual no mayor de 20 grados puede ser considerado legalmente con ceguera y, de esta manera, tiene acceso a una educación especial de acuerdo con sus necesidades. Por lo regular, no hay una relación entre impedimento visual y capacidad intelectual. Los alumnos o alumnas pueden ser brillantes y participar en la educación general con las debidas adecuaciones. Un ejemplo de ello lo tenemos con el cantante José Feliciano, quien nos deleita todos los años con su canción "Feliz Navidad". Sin embargo, alumnos o alumnas que experimentan problemas de visión también pueden presentar casos de deficiencia en el aprendizaje.

En relación con la consideración por parte de los maestros sobre deficiencias visuales en los alumnos o alumnas, déjeme decirle que en una ocasión, en la ciudad México, un maestro de algebra en secundaria, escribía con una letra muy pequeña en el pizarrón, de tal manera que alumnos o alumnas con y sin problemas de visión, no podían distinguir las palabras, tampoco las letras o números, mucho menos seguir las fórmulas presentadas. Además, el maestro hablaba en voz bien bajita. Como resultado, a la mayoría de ese grupo de matemáticas se les dificultaba enormemente entender la clase y, como buenos adolescentes, se distraían en otra cosa. También, como era de esperarse, el maestro tenía un alto número de alumnos o alumnas que no pasaban esa materia y no era por falta de inteligencia. En este caso, era el maestro el que por alguna razón no estaba al tanto de las necesidades de los alumnos o alumnas.

En otra ocasión más reciente, una de mis alumnas con serios problemas para ver de lejos y de cerca se negaba a usar sus lentes, por consiguiente, se negaba a trabajar en escritura, lectura, y el mundo exterior simplemente no le interesaba, solo la motivaba escuchar el grupo "Kumbia King" y bailar. Al ver la rotunda negativa de mi alumna a usar lentes, me vi en la necesidad de usar papel tamaño cartulina y marcadores de colores y solo de esta manera aceptó trabajar en escritura. Así también, me vi en la necesidad de usar fotos y palabras amplificada para que se animara a verlas e identificarlas. Como premio a su esfuerzo, escuchábamos a los "Kumbia King". Se los juro, todavía traigo en la cabeza la canción de "chiquilla".

De vuelta con nuestro tema sobre impedimentos visuales o ceguera, tenemos que expertos afirman que en ocasiones puede presentarse sensibilidad a la luz, pueden no distinguirse los colores, y a veces se puede acompañar de cambios en las emociones o de alguna otra excepcionalidad.

Alumnos o alumnas que legalmente se consideran con ceguera requieren en principio asistencia, en términos de orientación y de movilidad. En este caso, deben aprender a moverse en su casa y comunidad de manera segura, eficiente y, según el caso, independiente. Es fundamental que aprendan a orientarse tanto en el salón de clases como en la casa, ya sea gateando, caminado o usando silla de ruedas.

Como parte de las actividades diarias es de suma importancia que se le hable al alumno o alumna, antes de realizar cualquier actividad en el salón de clases, o en el hogar. Es importante que se den instrucciones muy claras, que se describa lo que pasa y a qué hora pasa. Sobre todo NO moverlos o desplazarlos sin antes hablar con ellos o ellas. Se debe siempre anticipar la actividad y evitar que se asusten.

En lo personal, me sorprendió mucho cuando en una ocasión llegó el instructor de terapia física con mi alumno, y de repente lo movió mientras platicaba de su día y su vida. Al mismo tiempo que hablaba con nosotros, pretendía posicionar a mi alumno en su caminadora, sin previo aviso. Ante tal práctica de este terapeuta, sin "pedirle permiso" lo detuve para hablar con mi alumno y explicarle lo que pretendía el terapeuta, y de paso, le dije al instructor que mi alumno requería de información previa que, por favor, ante todo, lo saludara y le dijera de qué se trataba. Por fortuna, se dio cuenta de que la manera de aproximarse no fue la mejor. La condición quedó escrita en el Programa de Educación Individualizada de mi alumno.

En cuanto a los servicios de educación especial, los distritos de escuelas públicas cuentan con especialistas que enseñan a leer y escribir mediante el sistema Braille, un método a base de puntos en relieve utilizado por personas con ceguera. De esta manera se aprende a leer y escribir letras, palabras, frases, números. Por cierto, Louis Braille, el inventor del sistema de escritura, nació en Francia en 1809, a la edad de tres años tuvo un accidente y perdió un ojo, posteriormente, una infección en el otro ojo le ocasionó que perdiera la vista. En su edad adulta inventó el sistema de lectura para personas con ceguera, que se utiliza hoy a nivel internacional. De igual forma, se recomienda educación especial, educación general, trabajo social y psicólogo. Además se deben facilitar dispositivos de asistencia tecnológica para comunicación.

Impedimento para oír y sordera. La pérdida parcial del oído se relaciona con la habilidad de escuchar sonidos y entender lo que se dice. Esta pérdida parcial puede ser intermitente o permanente. Por otro lado, la sordera se relaciona con un impedimento significativo para oír. Aquí también hay diferentes niveles o grados de impedimentos. Al igual que el anterior, los alumnos o alumnas con impedimentos para oír o con sordera, pueden ser brillantes. Sin embargo, es importante mencionar que la pérdida del oído, puede afectar o impactar la comunicación hablada o verbal y con ello, las habilidades relacionadas con la lectura y escritura.
Según los expertos, personas que no han escuchado un idioma o lenguaje pueden presentar otras excepcionalidades o deficiencias. En el caso de que se requiera un dispositivo para escuchar, se recomienda que se traiga siempre consigo para poder identificar los sonidos de las vocales, consonantes y palabras. Todo ello es esencial para lograr una apropiada escritura, lectura y vocabulario. Recordemos que esos aspectos de pensamiento y lenguaje se relacionan con lo que se llama inteligencia.

En las escuelas públicas encontramos especialistas de lenguaje que utilizan gestos. Consiste en un sistema de movimientos de manos y expresiones faciales y corporales para comunicarse de manera no hablada. Este sistema de lenguaje de gestos ofrece la enseñanza del alfabeto utilizando una mano, donde cada signo representa una letra, de esta forma se puede presentar alguna idea, frase o acción que se desee expresar. También el sistema de lenguaje enseña comunicación funcional, para la expresión de ideas, necesidades, sentimientos. En el caso de que el alumno o alumna utilice este tipo de lenguaje, es recomendable que los padres también aprendan a comunicarse de esa manera para que el aprendizaje sea más efectivo y funcional.

Otro aspecto de consideración es lo que se conoce como adecuaciones del aprendizaje, que revisamos durante el IEP. Esto es, sentar al alumno o alumna en un lugar preferencial, incluir instrucciones por escrito, y un programa basado en aspectos visuales adecuados a sus necesidades. Se recomienda también un especialista de oído, terapia de lenguaje orientado al sistema de lenguaje con gestos y dado el caso, un intérprete de lenguaje y psicólogo.

Disturbio emocional o trastornos de conducta. Niños, niñas y jóvenes con disturbio emocional pueden tener una variedad de diagnósticos o resultados en su evaluación. En general, alumnos o alumnas con disturbio emocional o trastornos de conducta experimentan períodos de ansiedad, depresión, infelicidad y otros comportamientos más severos, como desorden bipolar. Esto es, a veces están exageradamente alegres e impulsivos y, de repente, cambian a niveles de depresión o tristeza profunda. Presentan reacciones y alteraciones emocionales, digamos que inexplicablemente explosivas, de tal manera que no controlan sus impulsos. En ocasiones avientan los primeros objetos o mobiliario del salón que encuentran en su paso, a veces agreden físicamente o de palabra sin importarles frente a quién están. Por lo regular, los alumnos o alumnas en esta categoría de IDEA, tienden a no seguir el reglamento de la escuela, tampoco el del salón de clases o las instrucciones de sus maestros.

Se dice que estos disturbios emocionales generalmente no son causados por deficiencias intelectuales, problemas sensoriales o algún otro problema de salud física. Los trastornos de este tipo de conducta tal parece que están vinculados con problemas familiares, hogares disfuncionales o donde está presente la violencia, también se dice que están vinculados, generalmente, con condiciones muy difíciles de pobreza y, sobre todo, con falta de atención familiar.

En la mayoría de los casos, alumnos o alumnas con una conducta emocional severa no pueden asistir a clases de educación general, por razones de seguridad en la comunidad escolar. Así pues, a nivel de distrito escolar, se ha requerido ubicarlos en salones conocidos bajo el Programa de Intervención de Conducta (*Behavior Intervention Program*, BIP), y se les asigna grupos de apoyo. En ocasiones he visto que alumnos de preparatoria están bajo la supervisión semanal de agentes de centros de detención para jóvenes.

Como resultado, los disturbios emocionales en alumnos o alumnas se asocian directamente con problemas de aprendizaje, con la falta de una adecuada interacción social con los demás compañeros y, lo que es peor, con deserción escolar. Es realmente preocupante la tendencia de los alumnos o alumnas a la infelicidad diaria bajo miedos incontrolables hacia algo, con desórdenes en la alimentación, como la anorexia, o sea que no comen durante largos período de tiempo, o presentan bulimia, que consiste en vomitar después de comer mucho, esas condiciones afectan severamente la salud y la calidad de vida. A veces los alumnos o alumnas presentan remordimientos después de haber ofendido o lastimado a alguien, o por haber hecho algo más severo. En cuanto a los servicios por parte de la escuela, se recomienda que participen en educación especial, si es posible en educación general y en programas de servicio a la comunidad, así como que reciban la asistencia de un especialista en conducta, psicólogo y consejero.

Impedimentos físicos u ortopédicos. Estos pueden ser impedimentos musculares, del sistema óseo, es decir a nivel de los huesos, o bien de tipo neurológico. Pueden ser causados de manera congénita o por accidentes. Los más comunes se relacionan con parálisis cerebral, espina bífida y distrofia muscular.

La **parálisis cerebral** es una condición neurológica que afecta o impacta la capacidad de moverse de manera coordinada y voluntaria. Se puede deber a un daño cerebral que se produce durante o después del nacimiento. En todos los casos existe una condición gradual, en dependencia del daño cerebral de que se trate. Aquí también los programas de estimulación temprana pueden ser muy benéficos, y en ocasiones los médicos recomiendan la cirugía de cráneo. Todas estas condiciones pueden ayudar al niño o niña a llevar una vida más funcional. En ocasiones alumnos o alumnas con parálisis cerebral son brillantes y reciben servicios de educación general.

Espina bífida significa columna hendida, se caracteriza por el desarrollo incompleto del cerebro, de la médula espinal o las meninges, estas últimas conforman una cubierta alrededor del cerebro. Esta condición se da durante la formación en el vientre de la madre y se manifiesta en una malformación a lo largo de la espina dorsal que afecta las funciones cerebrales. Se dice que afecta de 1,500 a -2,000 bebés de los aproximadamente 4 millones nacidos cada año en Estados Unidos. En cuanto a sus causas, sigue siendo un misterio que aún se desconoce. Algunos científicos sospechan que puede deberse a factores genéticos, nutricionales o ambientales. Aseguran que la dieta de la madre es importante en cuanto a alimentos balanceados con vitamina E y ácido fólico (véase Apéndice 5).

Distrofia muscular. Es un trastorno que debilita los músculos que ayudan al cuerpo a moverse. Se considera también como una condición que se origina durante la gestación del bebé, es decir, que es de tipo genético. La distrofia muscular debilita los músculos de manera progresiva, es decir, conforme pasa el tiempo, niños, niñas y jóvenes van perdiendo fuerza para hacer las cosas que damos por hecho podemos hacer, como sentarnos, ponernos de pie, o tomar objetos. Existen varios tipos de distrofia muscular y se presenta, a veces, en bebés e incluso en la edad adulta. Estas excepcionalidades también varían ampliamente en relación con la severidad de que se trate. En ocasiones, los impedimentos físicos se asocian con niveles de ansiedad y disturbio emocional.

Para alumnos o alumnas con algún impedimento físico u ortopédico, se recomiendan los servicios de educación general adaptada, educación especial, terapia física. La terapia física es muy importante porque ayuda a trabajar las articulaciones y a evitar en lo posible las contracturas o agarrotamiento de los huesos, de igual manera se recomienda la terapia ocupacional, el psicólogo escolar y la educación física adaptada.

Otros impedimentos de salud. Se asocian a alumnos o alumnas con problemas crónicos de salud, como asma, epilepsia, leucemia, diabetes. Algunos trastornos de la conducta también se incluyen en esta excepcionalidad, como síndrome de déficit de atención o de hiperactividad, que pueden confundirse con problemas emocionales o de falta de interés. En estos casos se deberán buscar las mejores condiciones en clases de educación general, como tiempo extra para terminar las actividades asignadas, contestar exámenes en grupo de trabajo, flexibilidad con actividades y tareas debido a ausencias por asistir a consultas médicas. Sin embargo, esas adaptaciones o modificaciones en el programa escolar no deben bajar las expectativas de logros de los alumnos o alumnas especificadas en su programa anual y de acuerdo con el grado escolar.

Impedimento del lenguaje. La ley IDEA considera que existe un impedimento de lenguaje cuando los alumnos presentan dificultades para articular palabras y cuando tienen falta de coordinación al hablar. Ello puede ser causado por problemas de tipo neurológico. Algunos de esos impedimentos están asociados con aspectos congénitos o bien han sido adquiridos durante los primeros años de vida. Entre otras causas, se dice que se pueden deber a problemas de aprendizaje, también debido a problemas en la parte derecha del cerebro. En cuanto a servicios de educación especial, las escuelas cuentan con terapia de lenguaje que pueden ayudar a los alumnos a corregir ciertos problemas. Además se recomienda que los alumnos reciban servicio de educación general, educación especial y de psicólogo.

Daño cerebral por golpe o trauma. Se trata de alumnos o alumnas que han sufrido golpes, o enfermedades como meningitis, que les han provocado un daño en el cerebro o cerca de este; el daño puede afectar partes específicas del cerebro. Se puede manifestar como pérdida de las habilidades motoras en forma parcial o total. En dependencia de en qué parte del cerebro fue el daño, se afectarán las funciones del lenguaje, conocimiento o cognitivo, razonamiento, memoria, atención, pensamiento o funciones motoras. Los servicios de educación especial y de educación general, así como terapias, y adaptación del programa anual educativo IEP estarán en función de las necesidades del alumno o alumna.

Discapacidades múltiples. Esta categoría se refiere a casos en los que alguna excepcionalidad se presenta combinada con otra. Por lo general, las necesidades educativas de los alumnos o alumnas con discapacidades múltiples, deberán coordinarse con un plan de salud, ya que en ocasiones los alumnos o alumnas pueden presentar severas discapacidades, o bien fragilidad en su condición médica y/o necesidad de alimentarse mediante tubo gástrico. A veces pueden requerir medicamentos durante el horario escolar y únicamente la enfermera de la escuela está autorizada para impartir medicamentos.

Alumnos o alumnas con esta excepcionalidad, en general, reciben servicios bajo Programas de Apoyo Intensivo (*Intensive Support Programs*, ISP), lo cual implica una atención más individualizada y de supervisión constante. Aquí también es muy importante que los alumnos o alumnas participen en la comunidad de la escuela durante el desayuno, almuerzo, asambleas y en otras actividades sociales. Tal situación empieza a darse en algunas escuelas gracias a la participación de los padres, y gracias a administradores escolares que han decidido crear una cultura de inclusión. También se observan cambios en la educación universitaria, en la formación de maestros con esa cultura de inclusión o de mínima segregación.

Déjeme decirle que por coincidencia, o más bien por providencia, he trabajado como maestra de ISP para una preparatoria, o *high school*, con una apertura hacia la inclusión, donde los alumnos o alumnas inscritos en ISP van a la cafetería de la escuela en horarios del desayuno y del almuerzo. En una ocasión, aprovechando esa actitud incluyente, una de mis alumnas, a quien le encantaba la música, empezó a asistir a la clase de orquesta. De igual manera, mis cinco alumnas asistían a la clase de cocina para percibir olores de comida y para que convivieran con sus compañeros y compañeras de clase. A un maestro del BIP le pedí que fuera a mi salón con sus alumnos y sus asistentes para que los jóvenes les leyeran a mis niñas, más bien a mis señoritas. La verdad es que fue muy gratificante para todos. En lo que respecta al maestro de orquesta, a veces colocaba a mi alumna en el centro y sus alumnos tocaban alrededor de ella, quien apreciaba y le fascinaba tal actividad. Para los alumnos de la clase de orquesta fueron realmente lecciones de gratitud y de vida. A la maestra de cocina parece que le costó trabajo adaptarse y, de repente, me decía que no iba a cocinar o que tenía problemas para obtener los ingredientes, pero al menos fuimos durante un semestre y sus alumnos o alumnas cocinaron, compartieron sus platillos y convivieron con mis alumnas.

El grupo de lectura consistió en leerles libros a mis alumnas durante media hora, tres veces a la semana. Una vez concluido el libro, veíamos la película del libro, o alguna otra, eso sí, acompañados de palomitas de maíz y refrescos, para propiciar la interacción social y una actitud positiva hacia la lectura. Le platico con mucho gusto que el grupo de lectura empezó con mis cinco alumnas y cuatro alumnos de BIP, y aunque usted no lo crea, al término del ciclo escolar fueron 17 los integrantes del grupo de lectura, cinco de ellos inscritos en BIP, cuatro alumnos de una clase de educación especial en la que los jóvenes tenían la habilidad de la lectura, y el resto del grupo lo conformaban alumnas y alumnos adscritos a ISP. Como resultado, la maestra de educación especial que trabajaba con jóvenes que tenían la habilidad para leer, me dijo que sus alumnos habían mejorado notablemente su lectura. El grupo adscrito a BIP, o sea los jóvenes con la excepcionalidad de disturbio emocional, no me lo van a creer, pero nunca presentaron un problema de conducta, ni siquiera un incidente común en esta categoría de estudiantes. Y por si fuera poco lo que les digo, el día de San Valentín, los jóvenes adscritos en BIP hicieron con sus propias manos, sentimientos y creatividad tarjetas para mis preciosas alumnas. No les exagero, pero la verdad, no lo podía creer cuando los vi entrar al salón con sus tarjetotas. Otra vez, esas fueron auténticas lecciones de paz, amor y gratitud.

No cabe duda de que mis alumnas fueron excelentes educadoras para esos jóvenes. Uno de ellos tuvo la iniciativa de aprender sobre los derechos humanos de los alumnos o alumnas con discapacidades. O sea, estuvo increíble, pero ahí no termina el asunto. Durante el siguiente ciclo escolar que trabajé ahí, me di cuenta que después del desayuno, en la cafetería de la escuela, la maestra de ballet folklórico practicaba con sus alumnos bailables regionales mexicanos. Y la verdad me encanta el baile folklórico; como decimos en México, "es mi mero mole". Si recuerdan, les comenté que crecí con música de mariachi, que nunca faltaron en los cumpleaños de mi abuelito admirado Don Basilio. Así que, "como no queriendo la cosa", me puse a bailar con mis alumnos y alumnas después del desayuno. Claro está, le pregunté a la maestra que si no le molestaba, me iba a quedar a su clase con mis alumnos y alumnas.

Esa clase de baile por las mañanas y la terapeuta de educación física adaptada, me inspiraron para ensayar algunos bailes con mis alumnos y alumnas y presentarlos en la celebración de diciembre que organiza ISP con la participación de los padres de familia especiales. En esta ocasión invité a la maestra de ballet folklórico, quien amablemente prestó a mis alumnos y alumnas los trajes de charro, faldas y blusas de su ballet. Para esto preparamos el bailable del "Jarabe Tapatío" y el son de "La Negra", ambos de la región de Jalisco. Dos de los alumnos que participaron usaban silla de ruedas. Al final de nuestro evento, la maestra nos invitó a participar en el Festival Anual de Primavera de la escuela conjuntamente con su ballet folklórico. Eso fue realmente increíble. La maestra me sugirió que mis alumnos o alumnas bailaran el son veracruzano conocido como "Fandango", así que practicamos la coreografía, y el día del festival mis alumnos y alumnas bailaron con los mejores integrantes del ballet. Vistieron esos trajes blancos jarochos oriundos de Veracruz. Lo juro, mientras bailaban emanaban una luz aún más blanca y más intensa que no es posible imaginar. La audiencia, conformada por jóvenes de la escuela, maestros y administradores, todos se pusieron de pie para aplaudirles con las manos y con el corazón. Confieso que lloré de alegría y de emoción a verlos bailar en el auditorio de la escuela que estaba totalmente lleno. Pensé que todos en la vida tenemos derecho de demostrar lo que somos capaces de hacer. Aunque no fui la única que lloró de emoción al verlos bailar. Pero, lo mejor de todo fue que para el siguiente ciclo escolar, la administración decidió incorporar por primera vez a los alumnos inscritos en ISP, a materias optativas con asistencia obligatoria, como baile, orquesta, banda, etc. Como experiencia, ha sido todo extraordinario, pero sigamos con nuestra temática.

Problemas específicos de aprendizaje. Se refiere a varios tipos de problemas de aprendizaje que también pueden ir de leves a severos. Aquí vemos a alumnos o alumnas que se les dificultan algunas materias, mientras otras se les facilitan. A veces pueden copiar información del pizarrón, producir o leer palabras, pero, pueden tener dificultades para entender o darle un significado a la información o a la instrucción de que se trate. A veces el problema radica en organizar las palabras para expresarse de manera hablada o escrita. O sea, que el problema puede radicar en leer, escribir, hablar, razonar, resolver problemas de matemáticas, dificultades para relacionarse con los demás, etc. En ocasiones se trata de un problema entre el potencial de aprendizaje y los resultados del aprovechamiento escolar, sobre todo cuando se trata de alumnos y alumnas con un gran talento, quienes sin una instrucción apropiada no pueden desarrollar su potencial, ni completar de manera exitosa su grado escolar.

Los que saben dicen que los problemas de aprendizaje no son causados por problemas físicos, como impedimentos visuales o del oído, o por disturbio emocional, que posiblemente se debe a condiciones neurológicas. Entre los principales problemas que aparecen para procesar información se encuentran los que se conocen como dislexia, disgrafía, dispraxia, discalculia y problemas del habla. De acuerdo con las estadísticas, se dice que en Estados Unidos, aproximadamente un 5 por ciento de niños, niñas y jóvenes inscritos en escuelas públicas tiene algún tipo de problema específico de aprendizaje.

Dislexia. Se refiere a una alteración en la distinción, memorización y formación de letras o durante la escritura y la lectura. Por ejemplo a veces los alumnos confunden la "g" por la "q", esto puede deberse a condiciones en la percepción visual, o bien se dice que puede deberse a una maduración lenta del individuo, o a tensiones causadas en el medio ambiente donde se desenvuelve.

Disgrafía. Se relaciona con alteraciones en la escritura y el trazo de palabras. A veces, se tiene dificultad para distinguir entre dibujo y escritura. A veces la dificultad radica en escribir, en la ortografía, y en la organización de ideas escritas. Los que saben dicen que la Disgrafía no se asocia con problemas neurológicos.

Dispraxia. Está relacionada con la destreza de movimiento. Quienes presentan este problema especifico de aprendizaje experimentan lentitud al ejecutar movimientos coordinados, como hablar, recortar con tijeras, escribir, vestirse, etc. También se conoce como disfunción motriz o de movimiento. No existen causas totalmente establecidas, a veces se habla de una inmadurez del sistema neurológico provocada por algún traumatismo o enfermedad, por lo que puede aparecer a cualquier edad.

Discalculia. Se relaciona con dificultades para llevar a cabo operaciones matemáticas o aritméticas. Es el equivalente a la dislexia, pero en este caso se trata de números, de signos aritméticos como los de suma, resta, multiplicación, división, así como dificultades para recordar problemas, conceptos de matemáticas, incluso conceptos de tiempo y dinero. Por ejemplo, a veces, no se puede contar de dos en dos, y a veces no se encuentra la información importante en los problemas de matemáticas usando palabras.

Trastornos del habla. En ocasiones, individuos con este específico problema pueden haber comenzado a hablar y a comunicarse a la edad adecuada. Sin embargo, al pasar el tiempo van experimentando dificultades o alteraciones en su coordinación motora o motriz, tales como falta de equilibrio, problemas para controlar movimientos, por ejemplo, al usar las tijeras. Se dificulta la organización visual del espacio para organizar el tiempo y las actividades, se pueden presentar problemas para leer y organizar párrafos y ejercicios matemáticos. Al no poder expresarse, alumnos o alumnas pueden experimentar alteraciones en sus relaciones interpersonales y de interacción con sus compañeros.

En lo que se refiere a los servicios de educación para alumnos o alumnas con problemas específicos de aprendizaje, aquí la tarea de la escuela, con la ayuda de los padres, es entender las necesidades particulares para adaptar los materiales, así como las condiciones para facilitar el aprendizaje (para mayor información, véase Apéndice 5).

Como hemos visto, mi querido lector o lectora especial, IDEA considera las mencionadas categorías de excepcionalidades o discapacidades, al mismo tiempo que se orienta a reducir las condiciones adversas que en ocasiones los alumnos experimentan y que afectan el aprendizaje. Creo que estamos listos para pasar al siguiente tema, que se relaciona con la función propiamente de la educación especial y el papel del "equipo", o sea, usted, ellos y yo.

91

Capítulo V

Educación especial: Función, objetivos y alcances (maximizar potencialidades)

En general, la educación especial es un sistema de instrucción que comprende estrategias de enseñanza-aprendizaje. Todo ello, está orientado hacia la condición única de los alumnos y alumnas. En cuanto a "para qué" una educación especial, permítame comentarle, mi querido lector o lectora especial, que esta tiene como objetivo, lograr que nuestros alumnos o alumnas, se sientan felizmente integrados a la sociedad a la que pertenecemos y que participen en lo posible en ella a todo lo largo y ancho, ya sea a nivel de la comunidad local, familiar o escolar. Al mismo tiempo, tiene la finalidad de lograr que los alumnos o alumnas se integren a una educación general de manera parcial o total, se preparen para valerse por sí mismos en la vida presente y futura, y puedan llegar a tener una vida totalmente independiente. Para lograrlo, como hemos visto, contamos con la ley IDEA, así como con programas educativos y estrategias de enseñanza-aprendizaje, en las que es fundamental tener en cuenta la totalidad del alumno o alumna.

Alcances de la educación especial

En educación especial, por lo regular los programas de aprendizaje son flexibles al tiempo que efectivos. Abarcan un rango muy amplio, digamos que amplísimo en cuanto a sus alcances y posibilidades de aprendizaje de conocimientos, habilidades y destrezas. Estos alcances pueden ir desde enseñar-aprender-mejorar respuestas sensoriales, la coordinación de movimientos necesarios para la asistencia personal, como alimentarse, arreglo personal, etc. Enseñar-mejorar la comunicación para la expresión de las preferencias en el hogar, la escuela, la comunidad local, hasta alcanzar niveles de autosuficiencia e independencia, como obtener y mantener un empleo, entre otras.

Es muy importante comentarle que en este sistema de educación, cada paso, a veces cada movimiento en el aspecto de aprendizaje, por pequeño que parezca y al nivel que se encuentre, implica un tipo de autosuficiencia o independencia para el alumno o alumna. De igual manera, cada momento puede ser una oportunidad para aprender **a tomar decisiones y emprender iniciativas**, por mínimas que sean, encaminadas hacia el desarrollo personal de los alumnos o alumnas. Por otro lado, en este sistema de educación, el tiempo es más que oro, al mismo tiempo, se tiene en cuenta que nunca es demasiado tarde para intentar emprender el camino o sendero hacia la autosuficiencia. Nunca es tarde para tomar las riendas del aprendizaje.

Me ha sucedido que he encontrado alumnos en preparatoria, quienes por alguna razón aun no han desarrollado todo su potencial. Una de mis alumnas, cuya excepcionalidad consistía en espina bífida, sólo podía mover con gran dificultad su brazo derecho. Sin embargo, aunque usted no lo crea, en pocos meses aprendió a sujetar el vaso con su propia mano, llevárselo a la boca y tomar jugo o chocolate por sí misma. Yo me preguntaba, por qué no empezó a trabajar así desde que estaba más chiquita. Si ese hubiese sido el caso, yo apostaría que mi alumna, que por cierto su rostro es muy parecido al de la actriz Salma Hayek, hubiese aprendido a comer de manera independiente. En este caso particular, mi alumna solo llevaba dos años radicando en Estados Unidos. Y bueno, nunca es tarde para intentar, así que le mostré a la mamá cómo practicar con su hija, tomar y levantar el vaso; además la terapeuta de la escuela nos enseñó la forma de darle masaje para que la ayudara a mover las articulaciones de los codos y las manos, y así facilitar que doblara el brazo.

Aspectos de suma importancia en educación especial: Desarrollo del lenguaje

En educación especial, y diría que en todo tipo de educación, la comunicación es primordial,   porque aprender y comunicarse está junto con pegado. La comunicación nos lleva hacia los **aspectos de pensamiento, lenguaje y memoria**, que a su vez, como vimos anteriormente, están muy vinculados con la inteligencia. En términos generales, digamos que la **comunicación es aprender a recibir y a expresar mensajes.** Recibimos o percibimos información a través de los sentidos sensoriales, es decir, a través de nuestros oídos, vista, tacto, gusto y olfato. Esta forma de **recibir información** se conoce como **lenguaje receptivo**, el cual a su vez, está súper conectado con el llamado **lenguaje expresivo** que se utiliza, valga la redundancia, para expresar lo que se quiere, cómo se quiere y también lo que no se quiere. El lenguaje expresivo también se realiza de varias formas, por ejemplo, cuando hablamos o cuando escribimos, cuando expresamos lo que queremos con el cuerpo o con la cara. Así pues, el desarrollo de la comunicación se da a partir de la combinación de estos dos tipos de lenguaje.

Pero ahí no termina todo, recuerde que por lo general, la información que recibimos tiene un significado. Es decir, cuando recibimos una información o mensaje, la interpretamos para bien, para mal o para nada y respondemos mediante nuestras formas de lenguaje expresivo. Y así vamos en la vida, comunicándonos al mismo tiempo que nos relacionamos con los demás.

Ahora bien, le comento que en educación especial, la comunicación es crucial para poder funcionar a diario. Por ello se han desarrollado toda una serie de estrategias para los alumnos y alumnas con necesidades especiales, con la intención de mantener activa la comunicación mediante el desarrollo del lenguaje receptivo y expresivo. De igual manera, se cuenta con el **lenguaje de señas**, muy útil para las personas con problemas del oído o sordera, y también el **lenguaje Braille** muy útil para las personas con impedimentos visuales o con ceguera. Por otro lado, contamos con **asistencia tecnológica,** como computadoras, dispositivos para escribir etc.

Así pues, mi estimado lector o lectora especial, el **desarrollo del lenguaje en educación especial** es fundamental y debe iniciarse lo antes posible, tanto en el hogar como en la escuela, independientemente de que se lleve a cabo de forma simple o más elaborada.

Todos los niveles de comunicación y sus variaciones o modalidades son cruciales. Cuando tengo la oportunidad de platicar con mis colegas de educación primaria, les pido que empiecen lo antes posible a enseñar a los alumnos y alumnas a comunicarse, a desarrollar el lenguaje receptivo y expresivo mediante la comunicación de lo que quieren, necesitan, les gusta o no. Los alumnos y alumnas deberán expresar sus propias decisiones o ideas en cualquier modalidad lo antes posible.

Al mismo tiempo deberán a **percibir información o aprender** habilidades, destrezas, mediante la interacción social en el salón, la escuela y el hogar. Cuando sea necesario deberán aprender a comunicarse mediante los lenguajes alternativos, como el **lenguaje por señas o el Sistema Braille**. O bien, deberán a utilizar los aparatos electrónicos o dispositivos de **asistencia tecnológica** para lograr la comunicación. Lo ideal es que los alumnos y alumnas desarrollen esos procesos de comunicación y lenguaje para que cuando lleguen a la secundaria y la preparatoria les sea más fácil caminar por el sendero que les llevará a valerse por sí mismos en la vida futura o adulta, ya sea viviendo con la familia, en alguna comunidad, o de manera independiente. Porque, aunque usted no lo crea, el tiempo pasa más rápido de lo que pensamos, y lo que creemos que todavía le falta, ya lo tenemos a la vuelta de la esquina. Así nuestros seres amados crecen, y llegan a la etapa de la adolescencia o a la vida adulta, en un abrir y cerrar de ojos.

Funciones del lenguaje y auto-determinación

Continuando con nuestro tema de comunicación, permítame decirle que, en general, la educación especial además ser flexible, cuando así se requiera deberá ser **funcional**. Es decir, que el aprendizaje deberá serle útil al alumno o alumna para que logre una participación activa en la comunidad en la que se desenvuelve.

Mi querido lector o lectora especial, aunque usted no lo crea, entre las funciones de la comunicación se encuentra, por ejemplo, aprender el concepto y uso o manejo del dinero. Ello requiere en principio de una comunicación mediante **lenguaje receptivo-expresivo**. Además, requiere aprender acerca de conceptos de número mediante la interacción con sus compañeros del salón de clases y con personas de la comunidad local. Tan simple o tan complicado como ir al supermercado, o a algún establecimiento donde los hijos o hijas puedan darse cuenta, **con y sin** ayuda de los padres de familia, que para comprar algo se debe usar dinero. De igual manera se aprende que, en el intento de comprar, a veces debemos preguntar sobre algún producto, o bien en ocasiones, al pagar debemos intercambiar algún mensaje o comunicarnos con la persona que cobra lo que queremos comprar. El uso del dinero también puede aprenderse cuando a los alumnos o alumnas se les enseña a ahorrar abriendo una cuenta en el banco, de paso aprenden sobre los servicios que ofrecen los bancos locales y la posibilidad de utilizar el Internet para ver los ahorros. Así también el uso del dinero y lenguaje se relaciona cuando aprendemos a enviar cartas, al conocer las funciones de las oficinas postales. Otro ejemplo relacionado con el aprendizaje del uso del dinero y lenguaje es el uso del transporte público.

Todo ello, mi estimado lector o lectora especial, nos ilustra cómo a través de la **comunicación receptiva y expresiva**, el alumno o alumna tiene grandes posibilidades de mejorar o desarrollar habilidades para la toma de iniciativas o decisiones personales, o sea, lo que conocemos como **autodeterminación**, en cualquiera de sus niveles y grados de complejidad.

Como podemos ver en nuestro ejemplo anterior, la comunicación funcional o procesos de lenguaje receptivo-expresivo, está prácticamente entrelazada con las interacciones sociales, o sociabilidad. Por ello, los programas de educación especial tienen en consideración el aprendizaje mediante técnicas de grupo, tales como respetar preferencias de otras personas, aprender sobre las necesidades y sentimientos de los demás. En su caso aprender a negociar y a trabajar en equipo, lo cual sin lugar a duda es fundamental para el desarrollo presente y la actividad laboral futura.

Educación integral: Todo es parte del todo

Por lo pronto, como puede observar, estimado padre de familia especial, el aprendizaje de la **comunicación-lenguaje-interacciones sociales** nos lleva hacia toda una gama de posibilidades de desarrollo personal, de habilidades y de conocimientos. Absolutamente todas esas posibilidades de desarrollo se encuentran entrelazadas o se interrelacionan entre sí formando un solo paquete. Es decir, en la vida real es prácticamente imposible hablar de destrezas y habilidades adquiridas de manera aislada o separada, como para guardarlas en la mochila y dejarlas ahí. Las habilidades aprendidas y practicadas convergen o se reúnen para maximizar las potencialidades individuales. La práctica de estas habilidades también nos define la condición única del ser amado a través de todas las etapas escolares, diría yo, a través de todas las etapas de la vida.

Pero, vayamos por partes. En este capítulo nos detendremos a reflexionar también sobre la forma en que usted puede contribuir de manera natural con la educadora o educador especial en la definición del sendero de la vida presente y futura de su hijo o hija. La contribución de usted, papá o mamá especial, debe ser entendida como complementaria, al trabajar hombro con hombro con el educador o educadora de su ser amado. Así pues, prepárese para seguir revisando algunos principios de enseñanza-aprendizaje funcional para el desarrollo del ser amado, que pueden contribuir a una educación más adecuada y, por lo tanto, más efectiva. Así que lo / la invito a continuar en este fascinante desafío de la educación especial, y de paso a disfrutar las maravillas de "ese país" que en un momento determinado parecía totalmente desconocido y que ahora espero sinceramente que se sienta en él más ubicado.

Expectativas de aprendizaje y desarrollo del alumno o alumna

Antes de continuar con lo que expertos en desarrollo infantil han clasificado como etapas de aprendizaje o desarrollo cognitivo, hablemos un poco sobre las expectativas que los maestros y padres especiales tenemos hacia los alumnos o alumnas que reciben servicios de educación especial y de apoyo coordinado.

En principio, una expectativa es lo que consideramos más probable que pase, una suposición del futuro, lo que esperamos que suceda y de alguna manera estamos confiados en ello. Por ejemplo, queremos y sabemos que aprenderemos a nadar más rápido si tomamos clases de natación. La expectativa en este caso es que vamos a nadar una vez terminado nuestro curso de natación. Sin embargo, se da el caso de que "anticipamos" o "pensamos" que aunque tomemos clases de natación, nunca vamos a aprender a nadar. A veces razonamos diciendo que "eso no se nos da", que "nuestro elemento es la tierra y no el agua". En lo personal, confieso que llegué a pensar así sobre mis habilidades para la natación. Me decía a mi misma: "Mi querida Amalia, si no aprendiste a nadar de niña, a estas alturas de tu vida menos". Pensaba que era "muy tarde" para intentarlo y pues, ni modo. Con esta confesión, mi querido lector o lectora especial, les debe quedar muy claro que mis **expectativas para aprender** a nadar eran muy bajas.

Ahora bien, en términos de educación especial, aunque usted no lo crea, **altas expectativas** sobre niños, niñas y jóvenes, nos brindarán altos resultados, y viceversa. Se ha comprobado que maestros y padres especiales que tienen altas expectativas sobre los alumnos o alumnas, ofrecen un mejor desarrollo de habilidades y destrezas tanto en la escuela como en sus hogares. Por el contrario, en general, maestros y padres de familia que subestiman o que no aprecian la totalidad de las capacidades de los niños, niñas y jóvenes, corren el riesgo de no comprender la naturaleza del sistema de educación especial y, lo que es peor, corren el riesgo de impedir que los alumnos o alumnas tengan un desarrollo personal y de crecimiento. Por lo regular, las bajas expectativas se asocian con lo reportado en la evaluación de diagnóstico. Ello da lugar a que educadores y educadoras y/o padres de familia especiales subestimen a los alumnos o alumnas y pasen por alto las potencialidades de cada uno de ellos o ellas. Es decir, a veces se preocupan más por la discapacidad que por la potencialidad.

Por ejemplo, mientras trabajaba para una secundaria (*middle school*), en un programa de comunicación social para alumnos y alumnas con autismo, un jovencito que recién había terminado la primaria iniciaba su educación en mi salón de clases. Como es de entender, llevaba todas sus dudas, miedos y desconfianzas, y lo mismo pasaba con su mamá, todo lo cual es muy válido y entendible. Ante tal situación, me di a la tarea de trabajar con mi alumno, básicamente en los aspectos de confianza y seguridad, al mismo tiempo que identificaba sus intereses y formas de aprendizaje a través de la mamá. Todo ello, mi querido lector o lectora, es muy necesario para crear una atmósfera propicia que facilite el aprendizaje de acuerdo con lo especificado en el IEP. Y como decimos, "ahí la llevábamos". Mi alumno ya empezaba a sentirse con más confianza, por ejemplo, empezaba a platicar con sus compañeros sobre sus películas favoritas. Pero de repente, pasadito un mes, mi supervisora me comunicó que, por instrucciones de la mamá, mi alumno pasaba al grupo de alumnos y alumnas adscritos al Programa de Apoyo Intensivo. La razón era que la mamá afirmaba que su hijo "no estaba preparado" para participar en el programa de comunicación social. Era obvio que tal condición significaba para mi alumno impedirle su desarrollo académico y social de acuerdo con su plan educativo. Sin embargo, donde manda capitán, no gobierna el marinero, el cliente manda y tiene la última palabra. Con posterioridad, nos reunimos en varias ocasiones con la mamá, quien tuvo a bien aceptar la participación del jovencito en mi salón durante la clase de interacción social, que teníamos una vez a la semana.

Después de dos meses, mi alumno quiso participar más en el programa donde se había inscrito al inicio conmigo, así que, con la ayuda de la trabajadora social y de mi supervisora, nos reunimos con la mamá para informarle sobre las actividades de su hijo, el nivel de su participación y calificaciones. Con ello hablamos sobre el beneficio de la participación del alumno en el programa sobre comunicación social. Afortunadamente, aceptó, y fue muy compensador cuando, casi al final del ciclo escolar, durante un partido de fútbol de la escuela, la mamá me comentó que percibía que su hijo estaba madurando. Yo solo pensé en lo importante que es tener altas expectativas en educación.

Sin embargo, no todo es miel sobre los "cornflakes" o "pancakes". En otra ocasión, una de mis alumnas de preparatoria inscrita en el Programa de Apoyo Intensivo quien, por cierto, se trataba de una alumna bien vivaracha o como decimos, "ya estaba de regreso dos veces, cuando nosotros apenas íbamos". Sin embargo, sus padres, aunque yo sé que la amaban totalmente, me decían que la niña-señorita "era incapaz de valerse por sí misma", cosa que yo no podía creer por más que me lo repitieran cada vez que hablaban conmigo. Su mamá insistía en la necesidad de ir a la cafetería con ella y asistirla para comer. Me decían que su hija no se podía comunicar porque "no hablaba". Muchas veces les hice saber que la comunicación no es solamente hablada, que su hija era capaz de expresarse mediante el lenguaje alterno, como el lenguaje de señas, etc. Además de ello, los padres me habían indicado no llevarla a clases de educación general.

Tampoco mi alumna tenía permiso para caminar "mucho", correr, o hacer ejercicios, porque me decían sus padres que "algo" tenía en el pie. Lo mismo pasaba con natación, porque sus padres temían que se lastimara el cuello. Efectivamente, los alumnos o alumnas con la excepcionalidad de Síndrome de Down pueden presentar una desalineación en las primeras vértebras del cuello, lo que médicamente se conoce como Inestabilidad Atlanto-Axial, por ello se deben tomar precauciones y evitar los movimientos bruscos. Sin embargo, en el expediente de mi alumna, no había indicaciones especiales en ese sentido, por parte de ningún especialista. Ante la preocupación de los padres, la terapeuta de educación física adaptada les solicitó que hicieran llegar a la escuela instrucciones del médico de la alumna, para seguir las recomendaciones necesarias durante las actividades programadas por la terapeuta y, a su vez, los padres se sintieran con más confianza. Pero, los padres de mi alumna nos decían que, aunque el médico permitiera esas actividades, ellos temían por la salud de su hija.

Pues bien, les comparto que después de muchas pláticas con los padres, donde se les presentaba el reporte sobre las actividades de su hija, fotos para que vieran cómo trabajaba en la escuela, invitaciones para observarla interactuando con sus compañeros y compañeras de escuela, etc., me tuve que dar por vencida. La razón es que, aunque sin lugar a dudas amaban a su hija y se preocupaban por ella, nada los movía fuera de sus bajísimas expectativas. En este caso, desafortunadamente, la que ha venido pagando los platos rotos es mi alumna, que aunque, con respeto, es bien vivaracha, está impedida de desarrollar sus habilidades presentes y futuras.

Sí, me querido lector o lectora especial, es una realidad, y debemos estar súper alertas. En ocasiones no se comprenden las potencialidades y necesidades de los alumnos y alumnas con excepcionalidades porque los adultos sentimos la necesidad de protegerlos. Como les mencioné, corremos el riesgo de abocarnos en sus discapacidades más que en sus fortalezas y potencialidades, e impedimos involuntariamente el desarrollo de sus habilidades y destrezas, que grandes o pequeñas, todas son muy importantes.

En los hogares se dan casos simples, como cuando pedimos a un niño o niña ayuda para tender las camas, limpiar una habitación, lavar el carro o los trastes, y una vez que inicia su tarea "pensamos" que se va a tardar los años, que no lo va hacer bien, que va a desperdiciar jabón, que mejor lo hacemos nosotros o, de plano, no pedimos su ayuda. Con ello se corre el riesgo de olvidar que nuestros seres **amados tienen su propio ritmo para llevar a cabo sus tareas o actividades** y que debemos entender su ritmo. Ellos y ellas nos lo agradecerán en el presente y en el futuro. A veces sucede que no los dejamos que terminen lo que les pedimos, al mismo tiempo que les decimos "muy bien hecho", cuando ellos bien saben que no han completado la tarea asignada.

Así pues. mi estimado lector o lectora, sirva esta reflexión para mantener presente que la educación especial es parte del todo y que se debe acompañar de altas expectativas, esto es, de **desafíos alcanzables** y que con la práctica se ayuda a mejorar las habilidades. Además, hay que tener presente la importancia de promover una atmósfera de seguridad, confianza, para asumir desafíos siempre alcanzables y así aprender todos los días.

Etapas de desarrollo y formas de aprendizaje

Una de las teorías más conocidas en el campo de la educación es la del psicólogo suizo Jean Piaget, nacido en 1896, quien se interesó en decirle al mundo y en demostrar mediante su teoría del aprendizaje (comúnmente llamada teoría cognitiva), que los niños, niñas y adolescentes, aprenden de manera diferente a los adultos. La descripción que hace en su teoría internacionalmente conocida y vigente hasta nuestros días, nos sirve de guía para darnos una idea de las diversas etapas **en la adquisición del aprendizaje o conocimiento** de nuestros niños, niñas y jóvenes.

Así tenemos que **la primera etapa cognitiva o de conocimiento** definida por Piaget, se relaciona con un aprendizaje de tipo **sensorial-motora.** Se refiere a la manera en que aprenden los bebés. Es decir, se aprende desde que se nace a través de los reflejos y sentidos, como tocar objetos, probar alimentos, percibir sonidos, objetos y olores. Además, nos dice Piaget que en esta etapa los pequeños aprenden mediante la exploración del ambiente, o bien mediante movimientos. De ahí la importancia de la estimulación temprana en infantes, para activarles los sentidos sensoriales lo antes posible.

La segunda etapa se identifica como aprendizaje pre-operacional. Se dice que entre los 2 y 7 años de edad, es cuando el niño o niña, aprende mediante la interpretación lo que percibe. En estas edades, los niños o niñas aún no tienen claros conceptos e ideas. Por ejemplo, si le presentamos a un niño un litro de leche en una botella ancha y otro litro pero en una botella más alta, y después le preguntamos en cuál de las botellas hay mas leche, el niño tendrá la impresión, posiblemente, de que hay más leche en la botella alta. Lo mismo si colocamos tres manzanas en forma horizontal y tres en forma vertical, pensará posiblemente que en la presentación vertical hay más manzanas.

La tercera etapa de aprendizaje, se presenta entre los 7 y 12 años de edad. Aquí, el niño o niña está en posibilidad de aprender mediante lo que se llama **operaciones concretas**, Es decir, se aprende mediante objetos que se puedan ver y tocar. Por ejemplo, aprenden a contar siempre y cuando tengan sillas, pelotas, cualquier **material concreto** que les permita tener correspondencia con número o números. Así, una niña que perciba chocolates en un plato y otros tantos en otro plato, puede contar cuántos chocolates hay en cada plato. También puede comparar si hay **más** o **menos** chocolates en cada uno de los platos, puede **sumar** los chocolates, y decir si en un plato hay uno o dos chocolates de más, etc. Sin embargo, en esta etapa es muy difícil para la niña que pueda contar y comparar sin objetos, como lo son los chocolates. Por lo regular, en esta etapa resulta muy difícil contar utilizando solo números, sin objetos concretos. En general, a alumnos y alumnas con alguna excepcionalidad o deficiencia intelectual les es más cómodo aprender con objetos y situaciones reales de la vida diaria, en las que se aplican los conocimientos adquiridos.

La última etapa de aprendizaje se conoce como etapa de las operaciones formales. Se presenta alrededor de los 12 años en adelante, y aquí los alumnos y alumnas aprenden operaciones como sumar, restar, dividir sin necesidad de tener materiales concretos, como fue el caso de las manzanas o chocolates que mencionamos arriba. En esta etapa se pueden resolver problemas de manera **abstracta,** al darles solución a problemas solo imaginando los objetos.

Aprendizaje a través de objetos concretos en la casa y la escuela

Es sabido que a los bebés, niños, niñas y jóvenes les encanta jugar. De hecho, el juego es fundamental, porque a través de él se aprende de una manera agradable, además se aprende a interactuar con nuestros semejantes. Ahora bien, en cuanto a los materiales de juego, se recomienda que estos se adecuen a la edad del alumno o alumna.

Aunque usted no lo crea, en ocasiones llegan terapeutas al salón de clases con sonajas para trabajar con alumnos o alumnas de preparatoria, y es obvio que a los adolescentes no les interesan esos juguetes. Uno de mis alumnos prefería mil veces cantar canciones de Vicente Fernández que la del "Viejo McDonald" acompañado con sonaja. Otra de mis alumnas prefería como actividad sensorial que la maquilláramos, le hiciera faciales para contrarrestar el acné, la peináramos en diferentes estilos frente al espejo, para lucir como toda una adolescente. Para ella, esas actividades sensoriales eran más divertidas que usar sonajas y otros juguetes que conocía desde hacía más de 15 años.

Por fortuna, poco a poco se va entendiendo en educación especial, que cada etapa de la vida requiere materiales y actividades propias de la edad. Por ejemplo, los jóvenes requieren materiales en función de sus gustos y preferencias, es cosa de darse una vuelta por los centros comerciales y ver las tiendas y los artículos que prefieren. Para el caso de alumnos o alumnas inscritos en Programas de Apoyo Intensivo es recomendable pasar por talleres de carpintería o de mecánica para encontrar materiales apropiados para los jóvenes de secundaria y preparatoria. Así que, mi querido lector o lectora especial, asegúrese de que su hijo o hija trabaje con materiales apropiados para su edad, tanto en la escuela como en el hogar.

Operaciones concretas y múltiples ejemplos en la vida diaria. Aprendizaje funcional

Por lo general, el aprendizaje efectivo requiere de la comprensión del tema o de la actividad que se esté llevando a cabo. Además, se requiere que la información que se aprenda sea del interés del alumno o alumna, que la encuentre útil. Solo así se va a meter de lleno a aprender o a practicar.

Ahora bien, entre las operaciones concretas, mi querido lector o lectora especial, estas se refieren, como ya lo mencionamos, **al uso de materiales, así como a actividades en ambientes o lugares simulados y/o lugares reales o naturales.** Por ejemplo, en la clase de ciencias naturales se puede hacer un proyecto de jardinería. Para ello, se pueden realizar actividades en el salón de clases, en el jardín escolar, o se puede trabajar en la creación de ese jardín escolar. En la clase de matemáticas podemos instalar la "tiendita" en el salón, para después ir al supermercado más cercano a ver lo que podemos comprar con cinco dólares. Si se da cuenta, esas actividades, nos permiten **hacer lo mismo en diferentes formas.** Además, nos permiten poner a trabajar nuestros cinco sentidos y de esta forma propiciar el conocimiento, en este caso, sobre las plantas y la solución de problemas prácticos de matemáticas. Todo ello combinado con el aprendizaje de las interacciones sociales para la toma de decisiones e iniciativas en ambientes simulados o reales.

De la práctica a la generalización y mantenimiento

Además de la importancia del uso de materiales concretos en el aprendizaje, una de las actividades esenciales en educación especial **es practicar incansablemente mediante la repetición de actividades, pero sin aburrir** al alumno o alumna. Para evitar que el aprendizaje sea monótono, no hay como ofrecerle ejemplos múltiples o actividades que se puedan llevar a cabo como parte de la vida cotidiana, en ambientes reales o lo más simulados posible, y que además tengan un significado para el alumno o alumna.

Otra de las metas del aprendizaje **es aplicarlo en otros ambientes o situaciones**. Siguiendo con el ejemplo anterior de la "tiendita" en el salón de clases, tenemos que después de practicar o jugar a los "clientes y vendedores", los alumnos o alumnas llevan a cabo esas actividades en situaciones reales, como ir al supermercado local en calidad de clientes. Ahora bien, si esas actividades las practican también con los padres por la tarde, o durante el fin de semana, entonces el aprendizaje de la escuela se refuerza de manera natural en otros lugares o ambientes. Es decir, el aprendizaje se está **generalizando o aplicando** hacia otras situaciones de la vida misma.

El siguiente paso después de aplicar los conocimientos en otros lugares o ambientes, que no sean el salón de clases, **es retener o conservar** por siempre ese aprendizaje. La práctica es fundamental para mantener la habilidad aprendida.

Otro ejemplo de ello es cuando los alumnos o alumnas están aprendiendo la forma del rectángulo. En principio, tocan y/o perciben la forma en varios colores y texturas, después trazan varios rectángulos de diferente tamaño en el suelo, en papel, etc. Una vez alcanzado ese nivel de aprendizaje, los alumnos o alumnas identifican, ya sea tocando o apuntando, los objetos que tengan la forma de rectángulos que hay en el salón de clases, hojas de papel, mesas, escritorios, puertas, ventanas, algunas lámparas. Una vez concluida la actividad, que puede durar horas, días o semanas, según sea el caso, nos lanzamos a la búsqueda de la forma del rectángulo en la escuela. De este modo, los alumnos o alumnas descubren la forma del rectángulo en la cafetería, en los patios o áreas de descanso donde se encuentran las bancas y mesas de cemento o concreto, después, seguimos a la dirección, al gimnasio descubriendo más y más formas rectangulares.

Pero ahí no termina todo, por la tarde, con la familia, se dan a la tarea de identificar todos los objetos que tienen la misma forma. De esta manera, con la colaboración de los padres, los alumnos o alumnas **generalizan** la forma del rectángulo en diferentes presentaciones y es posible que la guarden **o mantengan** en su memoria. Además, se da pie para que comparen la forma del rectángulo con otras formas, como el cuadrado o el triángulo. Todo ello es parte de la diversión y del **aprendizaje con operaciones concretas**.

Como se puede dar cuenta, mi querido padre de familia especial, el aprendizaje se da en todas partes y usted ya se encuentra identificando técnicas para enseñar a su ser amado de manera efectiva. Prepárese porque aún hay más.

Alfabetización o *literacy*

De acuerdo con los que saben, la alfabetización (*literacy*), no se refiere únicamente a la mínima habilidad de leer o escribir un determinado idioma. Alfabetización se refiere a experiencias de vida, que abarcan un **proceso de comunicación súper dinámico**. Este se asocia con el uso del **lenguaje receptivo y expresivo** que revisamos anteriormente, donde se incluyen oportunidades como la de observar e interactuar en diferentes contextos o lugares.

Imagínese usted mismo y a su niño o niña, expuestos a todo lo que se escucha, ve o percibe todos los días, como la televisión, radio, la familia, las reuniones o fiestas, la escuela, los abuelos. Ahora reflexione sobre la forma en que usted se comunica con su familia, con su hijo o hija, en relación con su opinión personal sobre algo que le llamó la atención en la calle, en el trabajo. Ahora piense en lo que leyó en el trabajo, o en los letreros, si le parecieron importantes o no. Finalmente piense en lo que tiene que escribir, como los recados a los maestros, notas, etc. Así pues, todo lo que comunicamos hablamos, leemos o escribimos a nivel de familia es parte del proceso súper dinámico de **alfabetización** que compartimos especialmente con nuestros hijos o hijas.

Sí; mi querido lector o lectora especial, aunque usted no lo crea, ese proceso de comunicación súper dinámico, en el que se incluye el lenguaje expresivo y receptivo, lo **empezamos desde que están nuestros retoños en su etapa embrionaria** o etapa de gestación. A los bebés, en el vientre de su mami, les encanta la música que los arrulle, les hace sentir bien cuando mamá o papá platican con ellos. Los que saben afirman que a los bebés les encanta alfabetizarse desde que están en la pancita de su mamá. Y lo más importante es que esa comunicación y experiencias de vida, les van a permitir en la vida futura apreciar la lectura, la escritura, las fotos o las letras. Permítame decirle que todo padre de familia especial debe saber que, el gusto por las letras y los libros también empieza en el hogar, a partir del nacimiento del bebé o desde antes.

Por ejemplo, tanto a niños como a niñas con o sin discapacidades les encanta que les lean un cuento apropiado a su edad, sobre todo, si ello es parte de la rutina del hogar. Se dice que prácticamente a todo bebé, niño, niña, le fascina escuchar lo que dice un libro diseñado para él o ella, o bien le gusta tocar un cuento de texturas diferentes. Usted debe saber que a los niños o niñas les gusta que les lean todas las tardes o todas las noches, incluso puede ser el mismo cuento durante varios días. En ocasiones ya saben lo que va a pasar, pero les encanta escucharlo. Además, créame, de esta forma está preparando a su ser amado a que le tome el gusto a la lectura desde pequeño o pequeña. Está preparando a su retoño precioso para un mejor desarrollo del lenguaje, a tener una actitud positiva hacia el aprendizaje, es decir, estará preparando a su hijo o hija para recorrer parte fundamental del sendero de la vida escolar y futura. ¿Qué le parece?

Aunado a lo anterior, la alfabetización, o *literacy*, se refiere a todas las experiencias de vida que un niño o niña pueda tener cuando interactúa en diferentes lugares o contextos, por ejemplo, cuando un niño, niña, o un joven de manera continuada va de paseo al parque, al museo, a la librería, a la biblioteca, al centro comercial, al cine, al supermercado, a los bancos, oficinas de correo, o como una de mis alumnas y su familia que cada año va a Zacatecas, México, a visitar a sus abuelitos, primos y demás familiares. De esta forma, los niños, niñas y jóvenes identifican diferentes ambientes, lugares o contextos.

Ahora bien cuando exponemos a nuestros hijos a diversos ambiente y lugares, promovemos en ellos una actitud positiva y natural hacia la interacción social. Por ejemplo, cuando un niño o niña va al parque y juega con otros niños o niñas en los columpios y los demás juegos, está propiamente socializando. También sucede cuando los padres o familiares especiales van de compras, y les dan la oportunidad a sus hijos o hijas de hacerlos participes de las compras, esto es, al seleccionar y decir el nombre de la prenda de vestir, color y textura, o bien el nombre de la fruta o legumbre, además, al hacerlos participes de los precios, de dónde y cómo se paga, con lo cual se promueve el **uso del lenguaje,** al mismo tiempo que se promueven las habilidades de interacción social. Es decir, se están practicando y mejorando las habilidades de comunicación y lenguaje; se están aplicando y generalizando esas habilidades para funcionar en la vida presente y futura.

En lo personal, me gusta llegar el lunes con mis alumnos y leer lo que me dicen los padres de familia a través de sus comunicados. Así me entero de lo que mis alumnos hicieron durante los valiosísimos fines de semana. Por ejemplo, a dónde fueron y cómo fue su interacción social con el lugar donde

113

estuvieron paseando o de visita. Por lo regular sugiero que lleven a mis alumnos o alumnas de paseo a las librerías, que se pasen ahí todas las tardes que quieran en la sección de libros para niños o jóvenes. La mejor manera de **interactuar en las librerías**, en principio, es invitar a su hijo o hija a sentarse cómodamente para hojear un libro, sea en un sillón o en la alfombra. Hay niños o niñas que prefieren ver los libros cómodamente en la alfombra, lo importante es estar cómodos para leer o leerles, y abrir los libros, con independencia de en qué idioma están escritos, ver los dibujos, los colores, leer o inventar una historieta en el caso de que los libros no tengan palabras. O sea, hacer de esa visita un momento muy agradable y, de paso, fomentar el hábito o el gusto por los dibujos, la lectura, los libros, palabras, las letras, que les permitan enriquecer el vocabulario. Todo ello entra en ese proceso súper dinámico de comunicación y de interacción con el contexto o lugar.

Dicho sea de paso, y esto es algo muy verídico, **a mayor vocabulario adquirido, mayor comprensión de lectura,** y la mejor manera de adquirir o enriquecer el vocabulario es mediante la lectura, ya sea que los bebés, niños, niñas, jóvenes puedan leer, o que se les lea algo de su agrado y de acuerdo con su edad. Recordemos también, mi querido lector o lectora especial, que la comprensión de lectura se asocia con niveles de inteligencia. Todo es parte del proceso invaluable de alfabetización, o *literacy*, para nuestros seres amados.

Matemáticas para funcionar en la vida diaria

Por lo general, las matemáticas no son exactamente esa materia académica que nos encanta. Los que saben dicen que le damos "la vuelta" porque nunca tuvimos maestros que nos enseñaran de manera agradable el mundo de los números. Si usted, mi querido lector o lectora especial, recuerda a su maestro o maestra de aritmética o matemáticas, en la primaria o secundaria, posiblemente estará en el gran porcentaje de los que han vivido momentos espeluznantes inolvidables. Ahora bien, como hemos comentado, en educación especial las matemáticas, como el desarrollo del lenguaje y las interacciones sociales, están súper entrelazadas en casi todas las actividades de nuestra vida.

Como sabemos ahora, en educación especial las matemáticas deben ser vistas como algo útil, entretenido, divertido y ameno. Se recomienda presentarlas a través de juegos que ayuden a los alumnos o alumnas a aprender, practicar, generalizar y guardar en la memoria lo aprendido. Por otro lado, estará de acuerdo en que lo más funcional o útil para el diario vivir es aprender a sumar, restar, y a administrar el dinero, en cualquiera de los diferentes niveles de complejidad. Estos niveles de funcionalidad pueden ir desde aprender lo que cuesta la golosina preferida, saber cuánto cuesta comer, sea en la casa o en Pizza Hut, hasta aprender también lo que cuestan los artículos de aseo personal, lo que cuesta, y cómo se pagan, los servicios de luz, agua, gas, también tomar decisiones de cómo usar el dinero personal, cómo revisar y mantener en buen estado una cuenta de cheques y de ahorro. Aquí es muy importante que los alumnos o alumnas aprendan el uso de la calculadora, para facilitarles el proceso de sumar, restar, multiplicar y dividir, especialmente los niños, niñas y jóvenes que tienen problemas con su memoria a corto plazo y que por ello se les dificulta recordar los pasos de las operaciones aritméticas o de presupuesto. Como siempre, el apoyo de los padres y maestros para la práctica y supervisión del manejo del dinero para su vida futura es crucial.

Sentido y concepto de número en la escuela, el hogar y la comunidad

En cuanto a qué hacer en el hogar para ayudar a su hijo o hija a comprender el **sentido y concepto de número,** al igual que las formas de alfabetización *o literacy,* es esencial hacerlos partícipes de las tareas de la familia. A decir verdad, alfabetización y el concepto de número van por lo regular siempre de la mano. Sin embargo, digamos que para el caso especifico del aprendizaje del concepto de número, se recomienda que se inicie mostrándoles o pidiéndoles su ayuda para separar la ropa blanca de la de color, antes de lavarla, que identifiquen los colores. Para lograrlo, puede ayudar que un día de la semana los integrantes de la familia se vistan de un solo color, o se decore la casa de ese color y se les hace saber de esta manera qué color es.

De igual manera, se le muestra al niño o niña, cómo arreglar los utensilios de cocina, a organizar el clóset, a identificar y comparar el tamaño de los objetos, donde hay más y menos, a identificar objetos idénticos y diferentes, a contar los coches o las camionetas que pasan por la casa, etc. Esas actividades son **acciones para preparar** a los alumnos y alumnas a **tener el sentido de número.**

En una ocasión la mamá de una niña que cursaba primaria en educación especial, me decía que le estaba enseñando los números a su hija. Me decía que quería que aprendiera del 1 al 10. Tuve la oportunidad de compartirle que a esa edad era mejor enseñar a su hija estrategias de concepto de número. Para el caso particular de la niña, los números en sí, no tienen ningún significado, son muy abstractos. Recordemos que se aprende mejor con objetos concretos. Enseñar números sin objetos es prácticamente como mostrarles la escritura de otro idioma. Por ejemplo el número "2" o "7" generalmente no tienen significado sin antes entender y comprender el concepto de número, es decir, mostrar cuántos objetos, como pelotas o lápices, corresponden al número "2" o al "7." Así pues, si queremos que nuestros hijos aprendan a identificar y a contar números, debemos primero empezar por el concepto, por darle significado.

Otras actividades orientadas a identificar el sentido y concepto de número están el pedirles ayuda para medir y contar ingredientes de la comida, rentar videos, y así de manera progresiva podemos llegar, en la manera de lo posible, a manejar y contar el propio dinero, todo ello, créame, será relevante y los motivará para el aprendizaje de matemáticas. Además les encaminará hacia una vida económica, social y productiva en cualquiera de los niveles de complejidad.

Hasta aquí, mi querido lector o lectora especial, tenemos una fotografía más amplia sobre cómo vivir y, de paso, divertirnos en un país que espero sinceramente ya no sea totalmente desconocido.

Servir de modelo para los alumnos o alumnas

Este aspecto de la educación especial se encierra en el proverbio africano que dice: "Se necesita todo un pueblo para educar a un niño o niña". Estará usted de acuerdo en que si se trata de aprender, todos servimos como **modelos para educar y resolver problemas** de la vida cotidiana. Como mencionamos anteriormente, el hogar y la escuela son nuestras primeras referencias para aprender. En el hogar aprendemos nuestra cultura, preferencias y gustos en cuanto a comida, música, religión, idioma, sin dejar a un lado la manera de interactuar con los demás, de responder hacia ciertos eventos, o la forma de resolver problemas cotidianos. En la escuela, los alumnos y alumnas aprenden de sus maestros, de sus compañeros, compañeras, todos ellos representan modelos de aprendizaje.

En la escuela se lleva a cabo el aprendizaje de interacciones sociales mediante actividades en grupo, tales como lectura, matemáticas, ciencias, escritura, o algún otro tipo de conocimientos, habilidades y destrezas. Así pues los compañeros y compañeras de clase también juegan un papel importante en el aprendizaje cuando se trata de aprender mediante la observación de hábitos y conductas, o sea, a través de modelos. Por ejemplo, la forma de escribir, de resolver un problema de matemáticas, etc. Dicho sea de paso, los que saben afirman que los alumnos y alumnas aprenden y practican mejor con compañeritos de su misma edad, que con adultos. Eso es muy cierto, los niños, niñas y jóvenes se motivan al trabajar y aprender con ellos mismos, obviamente bajo la supervisión de los educadores.

Otros modelos que la escuela ofrece se refieren a las actividades de tipo vocacional, para ello se programan paseos que permitan la observación de lo que hacen y dónde trabajan diversas personas, por ejemplo, los bomberos, mecánicos, pilotos, secretarias, estilistas, etc. Esto se hace para proyectar al alumno o alumna en su vida futura y laboral en dependencia de sus intereses o curiosidad personal.

Es importante mencionar que no todos los modelos de aprendizaje son los más adecuados. También es posible aprender conductas no muy deseadas a todos los niveles. Especialmente los jóvenes se dejan fácilmente influenciar con la idea de ser aceptados entre sus compañeros o compañeras de escuela.

Inclusión escolar y diferenciación del aprendizaje

Todos estamos hechos del mismo barro, pero no del mismo molde. Así dice un proverbio mexicano, que me gusta traerlo a colación porque se relaciona mucho con la forma en que cada quien aprende. Como hemos mencionado, niños y niñas comparten muchas cosas de acuerdo con su edad, sus gustos particulares y estilos.

Ahora bien, la inclusión escolar, como vimos, se refiere a uno de los seis principios de IDEA, que consiste en el derecho a participar en todas las actividades de la escuela en diferentes niveles, independientemente de la excepcionalidad o discapacidad de que se trate. Todos tienen derecho de asistir, ya sea a clases optativas como arte y otras clases para el desarrollo sensorial, como a actividades académicas como matemáticas, ciencias, etc. Para el caso particular de actividades académicas, cuando sea necesario, se deberán **adaptar o adecuar los contenidos** de las lecciones, así como las **formas de instrucción** sin afectar el nivel de enseñanza-aprendizaje. Por otro lado, si es necesario, se deberán adecuar las **condiciones físicas** de los salones de clase para permitir un aprendizaje efectivo. Todo ello de acuerdo con las necesidades particulares del alumno o alumna, siempre en el entendido de

119

que la educación deberá tener significado en sus vidas y se asociará con la vida cotidiana.

Adecuar materiales y contenidos. Se trata de adaptar la información que debe percibir el alumno o alumna para hacerla más accesible o entendible. Por ejemplo, presentar la información más desglosada, facilitar materiales que contengan letra más grande, en caso necesario, que se cuente con la asistencia tecnológica adecuada, como dispositivos de comunicación. O bien que el alumno se siente en el lugar preferencial para evitar distracciones. De igual forma, el educador especial deberá adecuar, si es necesario, el tipo de evaluación, para poder medir lo aprendido en forma diversa y objetiva. Cualquiera que sea la adecuación necesaria durante las clases de inclusión, deberá especificarse en el Programa anual de Educación Individualizada IEP. De igual manera, se especificarán las adecuaciones durante los exámenes anuales del Estado. En ocasiones se trata de adecuar los tiempos, descansos, también de acuerdo con las necesidades del alumno o alumna.

La adecuación de las formas de instrucción: Diferenciación en las formas de enseñar-aprender. La forma de enseñar-aprender se relaciona con los estilos de cada quien. A veces los alumnos aprenden mejor usando el sentido del oído, o bien la preferencia puede ser el sentido de la vista. En ocasiones se aprende mejor o se comprenden conceptos de manera efectiva mediante la participación en pequeñas obras de teatro, por ejemplo, cuando se practica "el arte de escuchar", y donde podemos hablar, en un ejercicio de comunicación, interacciones sociales, o anatomía del oído. De alguna manera, la **diferenciación en el aprendizaje** tiene como finalidad que todos los alumnos y alumnas utilicen todos sus sentidos durante el aprendizaje, que el aprendizaje sea dinámico, que sean **utilizadas las fortalezas y potencialidades** del alumno o alumna para que se pueda dar el aprendizaje de manera efectiva.

Déjeme decirle que el aprendizaje se realiza generalmente con todos los sentidos; sin embargo, siempre hay puntos fuertes en la manera de recibir y expresar la información, es decir, predilecciones por temas y estilos. Algunos alumnos y alumnas se sienten mejor aprendiendo a través de la vista, sea leyendo, viendo videos, etc., o a través de movimientos, como ensayar algunos pasajes de la lectura, etc. Los educadores deben combinar esas fortalezas en el aprendizaje para darle un sentido y lograr el interés de los alumnos, alumnas.

Así pues, el trabajo del educador o la educadora especial consiste en colaborar con el maestro de educación general para definir las formas y estilos de enseñanza, de acuerdo con las preferencias de los alumnos o alumnas. Esto es la adaptación de las lecciones, los métodos de instrucción y las formas de evaluar, conforme con lo especificado en el Programa de Educación Individualizada, IEP.

Adecuar las condiciones físicas o el salón de clases. A veces los niños, niñas y jóvenes con alguna excepcionalidad que participan en grupos de educación general, requieren modificar el espacio mediante el uso de rampas de acceso para sillas de ruedas, u otro tipo de mobiliario. Si es el caso, la escuela deberá adaptar las condiciones físicas para el acceso del alumno o alumna a las actividades escolares, por ejemplo, adaptar los laboratorios de ciencias.

Asistencia tecnológica en educación especial y educación general

Los aspectos descritos que se deben considerar para la inclusión en educación general, están muy vinculados con la asistencia tecnológica. Es decir, la adecuación de materiales y contenidos y de las condiciones físicas puede ir acompañada de algún tipo de asistencia tecnológica, la cual se refiere a todo dispositivo que les permita a los alumnos o alumnas con discapacidades o impedimentos físicos, aumentar o mejorar sus potencialidades.

En esta asistencia tecnológica encontramos toda una gama amplísima de artículos o dispositivos, como las sillas de ruedas, sean manuales o eléctricas, que ayudan a los alumnos y alumnas a desplazarse, o bien aparatos auditivos que ayudan a escuchar mejor, lentes o anteojos para una mejor visión, utensilios que permiten sujetar de manera alterna y poder llevar los alimentos a la boca con mayor facilidad; también todo tipo de computadoras y equipos electrónicos o mecánicos, que sean de utilidad para un mejor uso del lenguaje receptivo y expresivo, así como de interacción social y aprendizaje. En sí, se considera asistencia tecnológica todo tipo de material adaptado que permita la comunicación, el posicionamiento y la movilidad para un mejor aprendizaje y la participación en la escuela, en el hogar y en la comunidad.
Sin duda, la asistencia tecnológica tiene el objetivo de facilitar el acceso a una vida más autosuficiente o independiente; lo importante es que los niños, niñas y jóvenes identifiquen su beneficio, aprendan a utilizarla y se acostumbren a ella.

Capítulo VI

La influencia de la sociedad en la definición de las discapacidades. Cuestión de palabras, una gran diferencia

Como hemos comentado en varios momentos, por lo general, el lenguaje que usamos representa una expresión cultural que heredamos y aprendemos a través de nuestros familiares, amigos, comunidad y, aunque usted no lo crea, a través de los medios de comunicación, como la radio, televisión, cine, etc. Estos medios masivos juegan un papel muy importante al trasmitir, y a veces al distorsionar el significado de palabras.

A decir verdad, mi querido lector o lectora especial, hay palabras que escuchamos en los medios de comunicación, que infunden a la sociedad una imagen errónea de las personas, y en ocasiones pueden convertirse en insultos, sobre todo, cuando se refieren a la forma en que nos identifican o señalan. Por ejemplo, en la televisión se dicen chistes sobre las personas que usamos lentes, y nos llaman "la cuatro ojos, "la de los lentes", "la venada", o algo por el estilo. En lo personal, a mí no me gusta que me identifiquen como "la cuatro ojos", porque tengo un nombre y apellido, y no soy un objeto para que me pongan un adjetivo y de paso me coloquen esa etiqueta de "la de los lentes". Tampoco me gusta cuando me preguntan si "soy miope", porque hay una gran diferencia entre señalarme como "la miope" y como **una persona que usa lentes**. ¿Gran diferencia verdad? Posiblemente quien me pregunte si "soy miope" no tenga la intención de descalificarme como persona, pero el uso del lenguaje ya sea "bien" o "mal" intencionado, corre el riesgo de ser irrespetuoso para una persona que usa, como es mi caso, un tipo de asistencia tecnológica como son los lentes.

Es obvio que este lenguaje rudo y áspero al que me refiero en esta sección, no excluye a las personas con algún tipo de discapacidad o impedimento físico. Seguramente, usted mi querido lector o lectora especial, ha escuchado en la televisión, la radio, o en la escuela, eso de "el niño autístico", o "es autístico" y con toda naturalidad del mundo nadie considera lo ofensivo que puede ser para un niño o niña con autismo que le llamen así, porque con tal expresión se le está identificando por su discapacidad, y no es justo, cuando lo importante debe ser **la persona ante todo.**

Como vimos en nuestra reseña histórica, vamos de menos a más en cuanto al respeto a la dignidad de las personas con alguna discapacidad o impedimento físico. Sin embargo, históricamente, también en nuestras sociedades y comunidades el poder del lenguaje al dirigirse a personas con alguna discapacidad ha dejado honda huella a través del tiempo. Se debe a que por muchos años se ha desarrollado de manera muy natural una percepción equivocada que juzga sobre todo por las apariencias. Tal es el caso de los programas cómicos que presentan bromas con referencias a la imagen de personas con alguna deficiencia intelectual, o bien se van al extremo de propiciar una percepción de "lástima".

Recuerdo las películas de la época de oro del cine mexicano, una de ellas con el actor Pedro Infante, donde a uno de los personajes le llamaban "el paralítico", lo cual daba pie para que a las personas con algún impedimento físico o de movimiento las asociaran con esa imagen, y se creaba, a su vez, una actitud social o sentimiento muy natural de "lástima".

Por fortuna, como podemos ver en nuestros días, todo eso poco a poco ha cambiado y se ha puesto en la mesa del respeto. La Ley de Americanos con Discapacidades (*Americans with Disabilities Act*, ADA) se ha dado a la tarea de detener, por ejemplo, a la industria cinematográfica en su intento de generar esas falsas percepciones sobre nuestros semejantes. Por otro lado, una de las luchadoras que ha abogado por ese respeto, en principio para su hijo, ha sido Kathie Snow, quien, en su ensayo, *El lenguaje que pone primero a la gente* (*People First Language*), le dice al mundo que primero y ante todo identifiquemos a la persona, es decir, nombremos a la niña, niño, al adolescente joven, más que a la discapacidad, porque cualquiera que esta sea o el impedimento físico de que se trate, está dado por lo general solo como un diagnóstico médico y no como medio de identificación de alguien. Eso, mi querido lector o lectora especial, generalmente no pasa con personas sin discapacidades, sino nos referimos a ellas por sus cualidades.

Así pues, la señora Snow, quien como dijimos, es a su vez una madre especial, nos da ejemplos para terminar con el uso de palabras ofensivas, como "retardado", "autístico", "el de la silla de ruedas", nos indica acertadamente que en su lugar, debemos referirnos como a **la persona con** deficiencia intelectual, al joven **con** autismo, o bien referirnos a los alumnos o alumnas **que usan** silla de ruedas. Como podemos darnos cuenta, es cuestión de palabras pero representa a su vez una gran diferencia. Así que, mis estimados padres de familia, amigos, familiares y educadores especiales, tenemos la tarea de abogar por nuestros seres amados y alumnos o alumnas, así como promover que sean identificados o nombrados con el respeto y la dignidad que se merecen, que nos merecemos.

Otras actitudes y percepciones a modificar

En una ocasión, la abuelita de mi alumna se dirigió a su nieta como "la enfermita", y me decía que también la hija de su vecina estaba "así enfermita", cuando en realidad se estaba refiriendo a algún tipo de discapacidad. Con todo el respeto del mundo, le tuve que aclarar que su nieta no estaba "enfermita", que la veía muy sana, alegre, además de vivaracha, muy linda, que no entendía por qué pensaba que su nieta estuviera "enfermita". "Sin querer" mi muy estimada "abue" especial, ya le estaba dando a su nieta, de entrada, una percepción de "enfermita", o de "pobrecita" que como dije, no le correspondía, porque mi alumna estaba sana.

Y qué me dice usted de la mamá de una de mis alumnas de preparatoria, que preocupada me comentó que desde que su hija nació, amigos y familiares le han dicho que su hija "no va a vivir muchos años", y pidió mi opinión. Con toda confianza le dije que su hija se veía sana, que le encanta bailar, jugar *basketball*, que comía muy bien y que no sabía por qué estaba tan preocupada. En lo personal considero que en esta vida nadie tiene asegurada la vida durante "muchos" o "pocos" años. Mis respetos para quienes se dan el lujo divino de saberlo.

Finalmente, en cuanto a actitudes a modificar se refiere, les cuento que a la enfermera de la escuela en una ocasión se le ocurrió decir que algunos alumnos "no eran normales". La verdad es que me molestó su comentario, de seguro la miré con ojos de "cómo es posible que hables así". Sin embargo, muy calmadamente, sin olvidarme que debo ser un modelo de interacción social para mis alumnos y alumnas, le pregunté que si ella era normal, pregunta que la dejó medio desconcertada. Mientras tanto, le dije que, en cuanto a mí, yo no sabía si era normal. Espero que mi afirmación la haya hecho reflexionar, pues no me contestó. Estará usted de acuerdo, mí estimado lector o lectora especial, que ese famoso término de "normal" es tan relativo que nadie, absolutamente nadie, puede asegurar que somos normales. Como me dice mi amiga, yo soy "normal" para alguien, pero solo durante los primeros cinco minutos de conocerme, después, para nada.

Lo que sí nos debe quedar claro, y lo podemos asegurar, es que somos únicos, que nos expresamos-comunicamos, nos desplazamos de maneras diferentes. Sin embargo, debemos tener siempre presente que el muy mencionado uso del lenguaje con y sin intención, puede denigrar a las personas. Es aún muy común en nuestros días ver placas de carro que dicen *"disabled veteran"* (veterano discapacitado), inscripción que de acuerdo con Kathie Snow, debiera decir "veterano **con** discapacidad". En el autobús o metro encontramos áreas que dicen *"handicapped"* (discapacitado) y aunque se agradece que reserven el espacio, se les olvida la dignidad del individuo. Sería diferente si nos dijera "este lugar se reserva para personas con alguna discapacidad" ¿Gran diferencia, verdad? A veces, nosotros mismos, cuántas veces no hemos dicho algo así como, "ay, ¡si serás tonto!", con lo cual, sin querer, nos estamos refiriendo a alguien con deficiencia intelectual.

Posiblemente, mi estimado padre de familia especial, usted ha de pensar que exagero, pero no lo creo. Si nos ponemos "en los zapatos" de niños, niñas y jóvenes con alguna discapacidad, estoy segura que comprenderemos que no les gusta que se refieran a ellos de esa manera. Podría apostarle que si un día decide usted estar atento al uso de las palabras se quedará sorprendido o sorprendida de lo ofensivo que puede ser referirse a personas con alguna discapacidad. Todo, "sin querer queriendo" y aunque eso resulte muy común y natural en las comunidades y sociedades como la nuestra, no quiere decir que hay que ignorarlo, sino al contrario, como padres de familia y educadores especiales debemos educar día a día para que cuando se dirijan a las personas con alguna discapacidad o excepcionalidad se haga de manera correcta y respetuosa. Debemos darnos a la tarea de educar para terminar con esa falta de sensibilidad y respeto para los nuestros.

Capítulo VII

Educación especial y adolescencia

Continuamos con nuestras percepciones y la búsqueda de respeto para nuestros seres amados. Sabemos que nuestra vida está hecha de relaciones con los demás, somos hijos, hermanos, amigos, padres. El hecho de ser humanos, consiste primordialmente en interactuar con otros seres humanos. Así pues, desde bebés enseñamos a nuestros hijos o hijas expresiones de amor a través del llamado apapacho, sobre todo en los casos de programas de estimulación temprana, cuando los bebés requieren, como dijimos, muestras de atención y entusiasmo. De igual manera, en medio de esa atmósfera de amor, respeto y educación constante, niños, niñas y jóvenes deben seguir el curso de la vida.

Como se los digo, el tiempo vuela, o se nos va de volada. Sin embargo, es precisamente en la primaria (*elementary school*), donde prácticamente se inicia para los padres de familia especiales y para sus hijos o hijas, la etapa de conocer amiguitos, de reafirmar los estilos de aprendizaje únicos, aprender rutinas de escuela y conocimiento de toda la comunidad escolar. Con posterioridad, al seguir el curso de la vida, el alumno o alumna llega a la edad pre-adolescente y adolescente, y con ello a todos los cambios hormonales habidos y por haber, también presentan otras necesidades y actitudes.

Es posible que usted, mi querido padre de familia especial, piense que voy muy rápido y junto muchos cables al mismo tiempo. En lo personal, negaría si dijera que no me sorprendí cuando por primera vez tuve que lidiar con una situación en la que una alumna de secundaria (*middle school*) nos dijo, en una actividad de grupo, que había soñado con un novio que la estaba besando. La verdad es que me quedé con cara de "qué le digo". Lo primero que se me ocurrió fue ubicarme en mi papel de maestra, y decir "esos comentarios no son apropiados para la clase". Después, en medio de mi asombro busqué a la trabajadora social para pedirle ayuda en esos casos, porque la verdad es que pensaba que mi alumna era muy chiquita y todavía le faltaba bastante tiempo, años, a lo mejor siglos, para andar pensando o soñando en esas cosas de grandes. Después, al comentarlo con los padres de mi alumna, al igual que yo, no cabían del asombro, porque consideraban a su hija aún una niña sin la mínima idea de pensar y soñar de esa manera.

En lo personal, me llamó la atención que el programa escolar con el cual trabajaba no tuviera en consideración una instrucción o educación especial sobre sexualidad y adolescencia. En esos momentos, ese tipo de educación me hubiese caído del cielo para poder orientar a padres de familia y alumnos o alumnas especiales. Créame, no exagero, tengo varios ejemplos que si me permite aquí se los comparto, donde todo parecido con situaciones reales, no es mera coincidencia. Es una realidad que nos concierne a padres de familia y a educadores especiales.

Sin duda, no es fácil para los y las adolescentes, y adultos con alguna discapacidad comprender muchas veces las responsabilidades que una relación de pareja implica. A veces les es difícil tomar iniciativas efectivas en ese sentido, les es difícil iniciar algún tipo de relación recíproca de tipo amorosa. De igual manera, en general, no existe, o apenas se inicia en los programas de educación especial, el aprendizaje sobre el rechazo, aprender a decir "no" ante cualquier situación que amenace su integridad. Lo que sí es real para ellos o ellas son los cambios biológicos que dan lugar a que se perciba que el amor ha tocado a las puertas de su corazón. Entonces a los padres de familia especiales y a los educadores corresponde guiarlos manteniendo la misma **atmósfera de seguridad y confianza** con la que se educa en los aspectos de conocimientos, habilidades y destrezas que los preparan para la vida futura. Más adelante iremos viendo lo que expertos en la materia sugieren para guiar a los hijos o hijas a madurar en los aspectos del inevitable enamoramiento, de la ilusión pasajera o la relación de pareja y sexualidad.

Juventud, divino tesoro

En principio, permítame decirle que en general, a todos los adolescentes, en determinado momento, el amor les guiña el ojo. Es obvio que nuestros jóvenes con alguna discapacidad o impedimento físico no van a ser la excepción. Como todo adolescente, experimentan a flor de piel, en diversos niveles de complejidad, el despertar biológico natural hormonal y sus efectos, como la búsqueda de amor, afectos e independencia. En diversos grados de complejidad experimentan la necesidad de cambiar de amistades, de iniciar actividades e interacciones sociales con jóvenes de su edad. Todo ello está en el paquete de aprender a caminar en el sendero de la vida, es decir, en el paquete de la educación especial. Así pues en determinado momento, nuestros adolescentes deben aprender, en la medida de las posibilidades, qué hacer en esa empresa del amor o enamoramiento, del romanticismo y de crear nuevas amistades.

Recuerdo que en una ocasión mis alumnos de secundaria platicaban sobre sus gustos en común, entre los cuales al parecer a todos les llamaba mucho la atención la tecnología de la computación, sobre todo, los juegos cibernéticos y electrónicos. Uno de ellos en las pláticas sugería e insistía en intercambiar los números telefónicos y tener un "plan" para ir al centro comercial durante los fines de semana. Aunque sólo uno de ellos le "hacia segunda", mi sugerencia fue que lo comentaran con sus respectivos padres. De esta forma tuve la oportunidad de presentar a las dos familias, y empezaron los planes para coincidir en actividades de los hijos.

A otro de mis alumnos le gustaba una jovencita de la clase de computación, para él, la mejor ocasión de coincidir con ella era durante el almuerzo, así que mi alumno se daba a la tarea de terminar rápido de almorzar para ir y plantarse a la mesa de la jovencita. A veces no decía nada, solo la veía, situación que era un poco incómoda para ella. Me pude percatar que la alumna se rodeaba de amigas a manera de "protección", sin embargo para mi alumno esa barrera no le impedía tratar de hablar con ella. Por lo regular solo le pedía su número telefónico para llamarla e invitarla a salir, aunque ella era medio cortante.

En lo personal recordé que, de alguna manera, todos los adolescentes corren el riesgo de ser no aceptados por su "dulcinea", cuántas veces usted, papá, en sus tiempos de pre-adolescente o de adolescente, invitó a bailar a una linda

132

señorita que se negó ante tal solicitud. Eso es parte de la vida, es parte de madurar, o sea, hay que vivirlo. Sin embargo, existe la enseñanza de técnicas que se ofrecen para evitar situaciones incómodas para todos en ese sentido. Así que me pareció imperante que los padres de mi alumno lo apoyaran en ese proceso de desarrollo de su sexualidad. Busqué el apoyo de la trabajadora social para que programara pláticas con los padres de mi alumno y dinámicas de grupo para mi alumno orientadas a identificar cuándo **tocar, hablar y abrazar.**

Esto es parte del Programa sobre Relaciones Humanas llamado CÍRCULOS (*CIRCLES*) introducido en las escuelas por nuestra autora Leslie Walker-Hirsch. Consiste en un programa que enseña a identificar también a aquellos integrantes de la familia que podemos abrazar, con quiénes podemos hablar y a los que podemos tocar con seguridad y sin ningún tipo de romanticismo. Así también se diferencian aquellas relaciones que implican una relación de amigos y novios, en donde todo el mundo se siente tranquilo, sin presiones psicológicas que meneen cierta incomodad personal.

El amor y la sociedad

Antes de continuar, debemos detenernos para reflexionar sobre la percepción general que la sociedad en su conjunto tiene respecto a descartar, prejuzgar, aceptar o rechazar que se den las relaciones amistosas o de pareja entre jóvenes con alguna discapacidad. Los que saben dicen que hay dos aspectos que nos acalambran como sociedad.

El primero es el reconocimiento del derecho de jóvenes y adultos con discapacidades de relacionarse como pareja, como es el caso de cualquier otro individuo sin discapacidad. Se dice

133

que negar ese derecho puede resultar bastante cruel, y no se vale que ese derecho de amar, ilusionarse o matrimoniarse, sea única y exclusivamente para el resto de la gente.

Me decía una amiga que está en etapa adulta, felizmente casada desde hace seis años, que a ella la juzgaban por su parálisis cerebral, que la juzgaban por su físico y por la dificultad de sus movimientos, sobre todo cuando sabían que tenía novio. Después, conoció a su "media naranja" en el lugar de trabajo, quien después de un tiempo le pidió matrimonio. Ante noticia tan fabulosa para mi amiga, los familiares más cercanos se escandalizaron hasta el grado de persuadirla para que se olvidara de esa idea tan "desmedida". Le decían que su novio, ahora su esposo, lo único que tenia era "morbo", que solo quería saber de ella por esa razón. Es obvio que la comunidad- sociedad le negaba la posibilidad de hacer su vida de pareja, mientras que a ella su compañero de trabajo y ahora esposo la consideraba una mujer con mucha iniciativa y muy inteligente. Mi amiguita todavía se emociona cuando nos platica que, cuando eran novios, él le decía, "eres más eficiente que las secretarias que usan taconzote". Por fortuna, ella siempre ha contado con el apoyo de su mamá, con quien mantiene una comunicación abierta. La mamá de mi amiguita se dio a la tarea de conocer a la pareja de su hija, desde que se hicieron amigos, y también a conocer a la familia con la que finalmente emparentó la niña de sus ojos.

El segundo aspecto que preocupa a la sociedad en su conjunto involucra a los padres de familia especiales, y se refiere a las dudas sobre cuándo sus hijos o hijas van estar preparados y en condiciones de desarrollar su área afectiva, incluida su sexualidad. Se dice que, como padres de familia especiales, nos sorprende saber y a veces no aceptamos que los hijos o hijas estén en edad, como decimos, de merecer. En general, nos tardamos en percibirlos como jóvenes o adultos, y creemos que ese asunto del amor y la sexualidad no va con ellos, que aún están, y estarán, en la edad de jugar con carritos y muñecas.

Una de las razones de esta dificilísima tarea de aceptar la etapa de adolescente de los hijos o hijas es la falta de conocimiento para apoyarlos en el desarrollo de su sexualidad, y si a ello le agregamos los famosos tabúes o incomodidad para hablar al respecto, pues resulta todavía más complicado. Por si fuera poco lo anterior, no se descarta el temor de que nuestros seres amados sufran algún abuso físico y psicológico.

Esta última parte es muy válida, pues siempre hay que estar alerta. Los que saben nos comparten que hay que tener siempre presente que proveer educación sobre sexualidad es la mejor manera de prevenir que se aprovechen de la vulnerabilidad de los jóvenes con alguna discapacidad. Por desgracia, en el mundo pululan gentes sin escrúpulos, que saben engañar fácilmente diciendo, por ejemplo, frases como, "todo el mundo lo hace sin problema". De igual manera, por lo general, a los jóvenes con discapacidades se les dificulta decir "no" o rechazar caricias ofensivas a su persona. También les es difícil a ellos y ellas medir las consecuencias.

Por ejemplo, en una ocasión, una adolescente que era alumna de una colega, llegó a mi salón de clases acompañada de una de sus amigas, que la ayudaba a comunicarse verbalmente. Llegaron decididas a pedirme prestado mi teléfono porque querían llamar al "chavo de los sueños". Me comentaron que el susodicho "galán", quien les había dado el número telefónico, no era alumno de la escuela. Les agradecí su confianza, pero les pedí que lo comentáramos con su maestra. Me pidieron, más bien me suplicaron, que no lo hiciera. Entonces les dije que lo comentáramos con su mamá, y me pidieron que no lo hiciera porque las respectivas madres no sabían cosa alguna al respecto. Ante este complicado escenario, de nuevo en mi papel de maestra, les expliqué que como menores de edad no era apropiado que llamaran a desconocidos de la familia, que en sus casas debían saber de quién se trataba y qué intenciones de respeto tenía hacia ellas. Pues como se han de imaginar, no tuvieron en cuenta mis palabras, así que con el temor de traicionar la confianza, me reuní con su maestra, quien a su vez buscó tanto al consejero de la escuela como a los padres de las jovencitas.

Como se puede percatar, mi estimado lector o lectora especial, es definitivo que se logre una educación que prevenga que nuestros o nuestras adolescentes sean objeto de algún abuso que les pueda acarrear consecuencias irreparables. Así pues, los que saben afirman que los padres de familia, en principio, deben abrir ese canal de comunicación y de apoyo.

Educación especial y sexualidad

La sexualidad en la educación especial no aparece de repente en la vida de nuestros alumnos, sino es la continuación del proceso educativo que hemos venido mencionando. En general, la educación especial sobre sexualidad tiene entre sus objetivos más importantes que los jóvenes aprendan a conocer sus cambios biológicos, a percibirse como adolescentes o adultos. De igual manera, deben aprender a marcar limites, a saber decir "no", a reconocer cuando alguien quiere tomar ventaja de ellos o ellas y a reportar cualquier situación de abuso físico y sexual. Así también, según el caso, deberán aprender a cómo aceptar a "ese" alguien que les brinda amor, respeto y a reconocerse como parte de una relación amorosa responsable, con o sin ayuda de los padres o familiares.

Los padres de familia especiales, de alguna forma, deben apoyar a sus hijos o hijas en sus interacciones sociales y de pareja. Una especialista en la materia, como lo es Leslie Walker-Hirsch, quien mencionamos arriba, ha publicado un magnífico libro, *Hechos de la vida … y más. Sexualidad e intimidad en personas con discapacidad intelectual* (*The Facts of Life … and More. Sexuality and Intimacy for People with Intellectual Disabilities*) en el cual nos presenta la contribución de especialistas en el campo social, psicológico y legal, comprometidos en procurarles a nuestros jóvenes un desarrollo de vida amorosa y sana. Todos esos aspectos son fundamentales para los padres de familia y educadores especiales, y hablaremos al respecto más adelante en esta sección.

La pubertad. El despertar de las hormonas es un hecho meramente biológico que se manifiesta socialmente

Los signos de madurez biológica o la etapa de la pubertad surgen entre los 9 y 16 años de edad; las jovencitas por lo regular se adelantan uno o dos años. En casi la totalidad de los casos, cuando la madurez física o la activación hormonal se hace presente, a los jóvenes, entre otras, les cambia el cuerpo, el carácter, a los varones la voz. Leslie Walker-Hirsch nos dice que generalmente, en jóvenes con alguna deficiencia intelectual, se presenta una diferencia entre la madurez física y la madurez social-intelectual- emocional. Por ello, debemos hacerles saber lo que se espera de ellos, una vez lleguen y se instalen en la etapa adulta, mediante conversaciones sobre libros, películas o alguna situación presente en la familia que les sirva de ejemplo **o modelos** para ilustrarlos en el papel de adultos responsables. Este aspecto de la educación especial sobre sexualidad, mi querido lector o lectora especial, lo encontramos muy asociado con los procesos de alfabetización e interacciones sociales que revisamos en capítulos anteriores.

En esta etapa "púbera" a nuestros jóvenes de educación especial también les gusta la idea de participar en actividades, como los bailes folklóricos, tocar instrumentos, cantar, actividades de tipo vocacional, participar en organizaciones como los juegos olímpicos especiales, etc. Aquí la recomendación de los expertos es que educadores y padres de familia especiales apoyen a los alumnos y alumnas en esas actividades dentro y fuera de la escuela, para evitar así que se inclinen por algunas conductas que se conocen como "no deseadas o inapropiadas" como una forma de expresión de llamar la atención.

De igual manera, en esta etapa, el aspecto emocional y social es sumamente importante, porque tener amigos es parte del desarrollo de las interacciones sociales, de ahí que se recomiende apoyar y ayudar para que se relacionen con otros chavos y chavas de su edad. De esta manera se les brindará la oportunidad de mejorar el concepto y valor de la amistad. Se recomienda así también que los padres apoyen en ese proceso y conozcan a sus nuevas amistades.

La identificación del potencial de Cupido: Indicadores para una educación sobre la sexualidad

El libro de Leslie Walker-Hirsch muestra   una serie de **condiciones o habilidades** que en su conjunto nos pueden servir de guía para identificar en los jóvenes algunos alcances de su particular desarrollo personal, social y psicológico. A su vez nos permiten, como diríamos, medirle el agua a los tamales, al **identificar niveles de madurez** en los jóvenes, que les podrían ser útiles para relacionarse en el ámbito afectivo. Un tanto nos ayudan a contestar la pregunta sobre, qué tan preparados se encuentran los alumnos o alumnas para tener amigos, novio o pareja. Recuerden, esto es parte del paquete de educación especial iniciado desde la primaria:

1. Arreglo personal autosuficiente. La habilidad y las prácticas de higiene que poco a poco van siendo más complejas cuando se llega a la adolescencia o la etapa adulta.

2. Anatomía y fisiología. Consiste en la habilidad de identificar el cuerpo y sus funciones.   Para jóvenes con discapacidades, la identificación de su cuerpo y funciones es esencial, e incluye el sistema respiratorio, circulatorio, digestivo y reproductivo.   En lo que respecta al aparato reproductivo, los alumnos o alumnas deben identificar lo relacionado con los órganos sexuales y su funcionamiento.

Sobre esto, recuerdo a una jovencita, alumna de otra maestra, que se quedó en mi salón de clases por sentirse indispuesta para ir de paseo con su grupo. La jovencita tenia cólico menstrual, y a pesar de que tenia la habilidad de identificar su anatomía y fisiología, estaba muy preocupada porque no comprendía qué le pasaba. Me decía muy triste y preocupada, "por qué otra vez, si ya me pasó lo mismo el otro día". Para la jovencita, era la segunda ocasión que menstruaba y nadie le había platicado o explicado al respecto, y no sabía de qué se trataba. Es obvio que la confundía de sobremanera el hecho de que, tanto su mamá como la maestra, no estuvieran preocupadas como lo estaba ella. Encima de todo, sentía que nadie la escuchaba. La jovencita no sabía que su periodo menstrual se había iniciado ni el por qué de su cólico. Ante tal situación, la maestra de la jovencita preparó unas lecciones sobre anatomía y funciones del aparato reproductivo para explicarle esos cambios en su organismo y para que se sintiera más segura.

Al continuar con este tema sobre la habilidad de identificar la anatomía y los órganos sexuales, es importante que los alumnos o alumnas aprendan que esos temas, por lo regular, no se comentan abiertamente en público, porque socialmente hablando puede resultar inapropiado. También es muy importante que los jóvenes tengan la habilidad de comprender y entender que puede ser raro o sospechoso que un desconocido, en ocasiones alguien conocido que no sea un familiar de confianza, quiera hablar con ellos o ellas sobre la anatomía y funcionamiento de los órganos sexuales. De igual manera es importante que puedan identificar las "otras" palabras utilizadas para referirse a los órganos sexuales, para de esta forma saber si es la manera apropiada, y también comunicar cualquier situación desagradable, o problema de salud.

3. Autonomía personal. Se define como la habilidad de crear la vida que queremos tener.

Es decir, que el o la adolescente sea capaz de mostrar confianza y autoestima, identificar preferencias, valores personales y toma de decisiones. Se dice que, por lo general, las personas que saben lo que quieren, tienen confianza, control sobre sus decisiones pueden, además, interrelacionarse con otros. Aquí se recomienda que cuando los hijos o hijas muestren algún nivel de autonomía personal, los padres de familia especiales puedan ayudarles a identificar qué alternativas son posibles y sus consecuencias, tanto las positivas como las negativas. Es decir, enseñar que **lo que hagas hoy, puede tener consecuencias mañana.** Todo ello será posible si el hijo o hija crece en una atmósfera de confianza y de comunicación abierta con sus padres.

4. Habilidad para relacionarse con los demás. Consiste en la habilidad de desarrollar amistades y de mantenerlas. Recordemos que desde la infancia se reafirma la habilidad de interactuar con los demás. Todo ello cuenta, y ayuda a desarrollar, practicar y generalizar el sentido de grupo. Cuando los o las jóvenes presentan en algún grado la habilidad de relacionarse con los demás, los especialistas recomiendan que se les ayude en el establecimiento de una relación que sea recíproca. En una **relación recíproca** los jóvenes deben ser muy similares, para de esta manera reducir el riesgo de involucrarse en una relación abusiva o violenta. Se dice que las parejas románticas más exitosas son aquellas en las que ambos disfrutan la compañía, en las que ambos tienen habilidades intelectuales similares, puntos de vista y experiencias en común, así como estilos de vida. Estas características reducen la posibilidad de que uno de los compañeros se aproveche del otro en el campo sexual y en términos de poder en la relación.

141

5. Habilidades de interacción social. Es la habilidad de aceptar a otros con sus respectivos sus puntos de vista. Cuando esta habilidad está presente es importante que su hijo o hija aprenda a expresar lo **que quiere, cuándo lo quiere y qué no quiere**. Recordemos que aprender a ser sociable se empieza desde los primeros años de escuela mediante el uso del lenguaje receptivo – expresivo.

6. Conocimiento de los derechos otorgados por la ley local y **protección legal**. Consiste en la habilidad de identificar lo que la ley local dice en relación con las conductas sexuales sujetas a una regulación legal. En la medida de lo posible, los jóvenes deben identificar que la ley intenta representar a la mayoría de las personas, grupos, comunidad y sociedad, así como las diferentes formas de pensar y creencias.

Es importante que en algún grado puedan identificar los derechos que les otorga la ley. Por ejemplo, en Estados Unidos la ley presenta restricciones en cuanto a la edad mínima para contraer matrimonio, así también, únicamente la Corte de Justicia puede autorizar la esterilización involuntaria, no importa si se requiere por razones de protección. Así también es básico identificar que la ley prohíbe la poligamia, es decir, casarse con más de una persona al mismo tiempo. También la ley **prohíbe tener relaciones sexuales sin consentimiento mutuo**, y otorga el derecho de rechazar ese tipo de actividades siempre y cuando esté en contra de los valores y principios de cada quien. De igual manera, los jóvenes tienen el derecho de rechazar conductas sexuales que atenten contra la integridad del individuo, como las que pueden causar consecuencias indeseadas, como embarazos o enfermedades venéreas, o bien daños físicos, sociales y emocionales irreversibles en la vida de las víctimas. Esos actos la ley los condena. En lo posible, los jóvenes deberán conocer que la ley requiere de manera obligatoria que los educadores y personal de la escuela informen sobre alguna sospecha que se tenga sobre un niño, niña, o joven adulto con discapacidades que haya sido objeto de algún abuso que atente contra su integridad.

Otros indicadores a considerar sobre educación especial y sexualidad

Aunado a lo anterior, la profesora Ruth Luckasson, quien ha sido por excelencia una abogada súper comprometida en el campo de la educación y de la ley para personas con discapacidades, nos dice que la Asociación Americana para la Deficiencia Intelectual y de Desarrollo (*American Association on Intellectual and Developmental Disabilities*, AAIDD ofrece una guía para ayudarnos a identificar en qué momento los jóvenes o adultos con algún tipo de deficiencia intelectual estarán legalmente aptos para asumir una relación de pareja y llevar una vida amorosa saludable:

Capacidad. Se refiere a la edad suficiente para la toma de decisiones importantes, como la habilidad de comprender y funcionar en la vida, y la habilidad para comunicarse. Para ello se sugiere una evaluación de acuerdo con la edad, conocimientos generales y habilidades. Es importante evaluar la forma en que la persona con alguna discapacidad ha aprendido a identificar problemas y a expresar sus opiniones **mediante lenguaje expresivo o receptivo**.

Información. Habilidad para adquirir conocimiento y calidad de información relacionada con su sexualidad. Es la habilidad para identificar información sobre las actividades de interés, ello implica medidas personales de seguridad, la habilidad de diferenciar entre las necesidades de origen sexual y las de otro tipo, así como los riesgos y beneficios de involucrase en una relación amorosa que se considere actividad sexual. En esto es importante que los alumnos o alumnas tengan oportunidades de hablar o comunicarse abiertamente con sus padres o con alguien de extrema confianza.

Voluntad. Es tener la habilidad de ejercer su derecho sin que nadie los presione. Es demostrar la habilidad de tomar iniciativas y decisiones personales por mínimas que sean. Aquí es muy importante que los jóvenes ejerzan su voluntad y aprendan a decir "no", porque el abuso sexual implica hacer algo a la fuerza, mediante la amenaza, o hacer algo que no se quiere. Y si este fuera el caso, se deberá denunciar.

El papel de la familia

Como se dará cuenta, mi querido lector o lectora especial, lo anterior permite identificar el grado en que nuestros jóvenes nos demuestran, de manera general, la comprensión de las implicaciones sociales y morales de sus actos. Nos permite también identificar, en lo fundamental, lo que representa comunicarse abiertamente con los hijos o hijas. Esto es, hablar con ellos o ellas sobre los aspectos sociales y morales que conlleva la relación en pareja, sobre el conocimiento de la ley, su protección personal y la de los demás.

Los que saben dicen que si los padres especiales tienen duda sobre la evaluación de los diversos aspectos de la vida de sus hijos o hijas arriba mencionados, es recomendable solicitar la ayuda de un consejero o psicólogo especialista en el campo. Todo eso es parte de la preparación para que sus hijos o hijas recorran el sendero de la vida adulta, y puedan alcanzar la capacidad de relacionarse, lo cual incluye desde tener solo amigos o amigas, novio o novia "de manita sudada", hasta desarrollar una relación y vida amorosa de pareja. Siempre con el apoyo y supervisión de los padres o familiares cercanos especiales.

Finalmente, la profesora Luckasson nos dice que cuando a un especialista se le solicita una evaluación para "aprobar" una vida en pareja, tanto el especialista, como los padres de familia especiales, deben tener muy claro la forma en que su hijo o hija responde a las siguientes preguntas, las cuales son también una guía para contribuir a la educación especial sobre sexualidad de su hija o hijo. Será importante identificar si nuestro ser amado:

1. Esta considerado o considerada por la ley como un adulto.
2. Demuestra conciencia de su persona, de la hora, del lugar, y de los eventos.
3. Maneja un conocimiento básico sobre actividades de tipo sexual.
4. Muestra habilidades para participar de manera segura en actividades de tipo sexual, es decir, que comprende cómo y por qué utilizar de manera adecuada algún método anticonceptivo y capacidad para decidir cuál es el que considera mejor.
5. Conoce y comprende la responsabilidad física y legal de un embarazo. Por ejemplo, los cuidados ante el consumo de alcohol y su evitación.

6. Identifica diversas formas de contraer enfermedades venéreas y cómo evitarlas.
7. Identifica las implicaciones legales que resultan de una conducta sexual errónea, como explotación y abuso de menores.
8. Identifica cuándo se han infringido los derechos de otras personas.
9. Demuestra que cuando alguien dice "NO" significa detenerse.
10. Identifica cuándo y dónde se puede demostrar de manera apropiada la conducta romántica, o bien de tipo sexual. Por ejemplo, durante el baile, diferenciar cuándo se pueden hacer caricias o bien tener una conducta sexual.
11. No permite ser explotada o explotado por su pareja.
12. Identifica cuándo una pareja acepta la misma conducta sexual.
13. Le es posible reportar eventos.
14. Identifica la diferencia entre la verdad, la fantasía y las mentiras.
15. Puede identificar y reconocer los sentimientos expresados por otros, tanto de manera verbal como no verbal.
16. Rechaza situaciones indeseadas para protegerse de una posible explotación sexual.
17. Puede llamar cuando requiera ayuda y reportar algún tipo de abuso.

Así pues, mi estimado lector o lectora, otra vez vemos **que todo es parte del todo**, la educación no se puede dividir, se encuentra totalmente integrada. Como hemos repetido, educar a nuestros hijos es la mejor forma de ayudarlos para que aprendan a valerse por sí mismos, o en la medida de lo posible, ayudarlos a transitar por el sendero de la vida presente y futura y a percatarse de ese tránsito, si se puede.

Algunas estrategias complementarias para el desarrollo de una adecuada sexualidad

Los padres de familia especiales, o bien algún familiar de extrema confianza, como siempre, podrían ser una excelente ayuda para abrir un canal de comunicación y conversar acerca de múltiples situaciones y del corazón. Concluyo esta parte deseando que hasta aquí, mi querido lector o lectora especial, estemos de acuerdo con los expertos que afirman que cuando los asuntos personales, sociales, legales y sobre sexualidad no se comentan abiertamente con los hijos o hijas, se corre el riesgo de que la percepción tanto de ellos o ellas como de los demás familiares especiales se distorsione, con consecuencias que definitivamente pueden perjudicar la integridad de nuestros seres amados.

Actividades laborales como parte del todo en el sendero de la vida

El desarrollo de la sexualidad debe también combinarse con la vida vocacional, como parte del desarrollo integral de nuestros pre-adolescentes y adolescentes. Por ejemplo, es importante platicar sobre cuáles serian las consecuencias de tipo económico, social, emocional personal y familiar al embarazarse sin esperarlo. Ello nos lleva directamente a reflexionar sobre la capacidad de valerse por sí mismos en el ámbito laboral, social y familiar. Así pues, cuando sea necesario, los alumnos o alumnas y los familiares especiales deberán considerar diversas actividades vocacionales y

147

laborales para vivir en la etapa adulta, ya sea para contribuir en el hogar, o en la búsqueda de una vida independiente con o sin ayuda de los padres.

A todo ello también corresponde un proceso que va de la mano con todo lo anterior y que se inicia desde las etapas tempranas de la educación especial. Para esto las escuelas públicas cuentan con una infraestructura de apoyo, que opera a través de agencias con la participación del Estado y de manera no lucrativa. Estas agencias llevan a cabo programas continuos de capacitación para una variedad muy amplia de empleos, en dependencia de las necesidades particulares del alumno o alumna. Algunas de esas agencias tienen la posibilidad de otorgar diplomas una vez concluidos los cursos de trabajo que requiere el Estado o la localidad de que se trate. Las actividades programadas en este sentido son muy completas y muy variadas, porque pueden incluir, la práctica del uso del transporte colectivo, la convivencia laboral, o la capacitación o entrenamiento para un trabajo específico. Es cuando los alumnos o alumnas prácticamente empiezan a ganar dinero sobre la base del esmero en sus tareas.

Por lo regular es el educador especial el que se encarga de que los alumnos empiecen a trabajar. Sin embargo, la/el especialista de **transición** de la preparatoria es responsable de darles seguimiento a estos programas y de buscar las posibilidades más adecuadas. Recordemos que el especialista de transición de la escuela forma también parte del equipo de maestros y terapeutas escolares que trabajan de conjunto con padres de familia especiales y sus hijos o hijas en la definición del programa de educación individual, IEP. Así pues, sobre la base de los intereses de los alumnos o alumnas, así como de sus habilidades y/o destrezas, se les promueve empleo, o bien alguna otra actividad para su etapa adulta. Estas actividades van desde actividades sensoriales, de comunidad hasta actividades laborales orientadas a una vida independiente.

Finalmente, mi querido lector o lectora especial, no podemos cerrar este capítulo sin dejar de hablar de la importancia de practicar algún deporte o actividad recreativa.

Amor-trabajo-deportes

Sí; mi estimado padre o madre de familia especial, estará usted de acuerdo en que cualquier actividad recreativa contribuye al desarrollo de habilidades de sociabilidad e interacción social, aunque, a decir verdad, por lo regular, eso de las interacciones sociales y familiares se nos facilitan mucho como comunidad latina. Aunado a lo anterior, la práctica de alguna actividad deportiva es muy importante y complementaria, digamos que también es esencial porque ayuda a nuestros seres amados a desarrollar y mejorar sus habilidades de movimiento, autoestima, confianza y determinación personal.

Las actividades deportivas pueden también llevarse a cabo en un rango muy amplio y variado, en dependencia de las necesidades, intereses y habilidades particulares. Por ejemplo, mis alumnos y alumnas que usan sillas de ruedas se divierten bastante empujando la pelota cuando vamos a jugar bolos, así también tengo alumnos que son excelentes jugando *basketball* y otros juegos de pelota, a otros les gusta caminar en las canchas de la escuela, y no se diga de ir a la alberca con los terapeutas de educación física, a lo que están más dispuestos que nada.

También se vale ir a la clase de educación física a socializar o a ver algún partido de fútbol.

Sin embargo, no sólo las escuelas públicas ofrecen esos servicios, por lo general en cada estado de la Unión Americana encontramos una de las mejores opciones para nuestros niños o niñas mayores de 8 años, me refiero a los **Juegos Olímpicos Especiales** que mencionamos en nuestra reseña histórica, cuya organización promueve precisamente un desarrollo físico, mental y social a través de actividades deportivas en las que participan niños, niñas jóvenes y adultos con y sin discapacidades.

Entre los objetivos de la organización está la incorporación de todas las actividades deportivas a la vida escolar, vocacional o laboral de los jóvenes. Durante todo el año la institución organiza diversos tipos de eventos, entrenamientos y competencias en una serie de deportes, en muchas modalidades, de acuerdo con las necesidades de los participantes, y de esta manera se les ayuda en su desarrollo personal, afectivo y de determinación personal. Dicho sea de paso, los padres de familia y los maestros o maestras también se divierten bastante.

Esta organización tiene una apertura de inclusión en la que jóvenes con y sin discapacidades participan activamente en concordancia con lo que se ha demostrado, que los niños, niñas y jóvenes aprenden y participan mejor con amiguitos de su edad.

A manera de conclusión

En esta guía práctica para usted, mi querido lector o lectora especial, hemos identificado de manera muy general la posibilidad de crear las condiciones para vivir y adaptarnos a un mundo que, en principio, nos pudo parecer totalmente desconocido, Pero, la consigna fue que, *hay que aprender a vivir y a disfrutar de las maravillas que nos ofrece un mundo diferente*, tal y como señala la señora Emily Perl Kingsley, en su analogía, *Bienvenidos a Holanda*.

Así pues, concluyo esta guía con la esperanza de haberle ofrecido una mejor idea, mapa, de ese mundo desconocido, después de señalarle algunas rutas y caminos a seguir, y además de haberle brindado algunas herramientas para abrirse paso, adaptarse y vivir activamente y plenamente junto a su hijo o hija.

Sí; mi querido lector o lectora especial, ahora seguramente ya se dio cuenta de que "hemos aterrizado" en un mundo en el cual usted tiene voz y voto en esa misión de **educa**r y hacer **feliz** a sus seres amados. Tiene voz y voto para abrir caminos de **respeto y dignidad**. Tiene voz y voto para emprender la tarea de abrir espacios para la **creación de una cultura de inclusión**, de participación de nuestros seres amados en la casa, calle, barrio, ciudad, país. Hemos aterrizado en un lugar en el cual nuestros seres amados tienen el derecho humano y civil de compartir un mundo hecho para todos. Un mundo en el que nuestros seres amados han tenido la misión de someternos a un proceso de enseñanza-aprendizaje de amor y de vida. Recordemos que una vida sin una misión carece de desafíos y de encanto.

Permítame así también decirle, querido lector o lectora especial, que la misión de nuestros seres amados es la confirmación de esta frase célebre del señor Scott Hamilton, "La peor discapacidad en esta vida es una actitud negativa".

Eso me queda muy claro cuando veo a mis alumnos o alumnas de educación especial, sonreír al aceptar la vida y a los demás. Por ejemplo, me encanta ver a uno de mis alumnos adscrito al Programa de Apoyo Intensivo, ISP, que llegue **todas** las mañanas con una sonrisa de oreja a oreja, con un entusiasmo envidiable. Mi alumno me hace recordar que la sonrisa es un don que muchas personas han olvidado practicar. También pienso en algunos jóvenes sin discapacidades, o incluso en adultos, a quienes su tristeza los ha llevado a cometer suicidio.

No cabe la menor duda que mis alumnos y alumnas han tenido la misión de enseñar con el ejemplo, de vivir esta vida plenamente, una vida que por más que la estiremos no deja de ser muy corta para **aprender** a vivirla en paz y armonía con la práctica del don de la sonrisa.

Sobre Amadito, mi precioso maestro, les comparto que me ha enseñado, además, que debo agradecer al Creador cada día, que debo aceptar sus Misterios con amor y paciencia. Amadito me ha enseñado así también, con el ejemplo, la gran diferencia entre hablar de Dios y vivir el Amor de Dios. Ojalá que algún día lo llegue yo a aprender a plenitud, porque aunque mis expectativas sean altas, estamos hablando de palabras mayores, de una filosofía de amor muy elevada.

No quiero despedirme sin antes compartir este fragmento que la señora Erma Louise Bombeck escribió en su libro, *Maternidad: La segunda profesión más antigua*, en 1983 (*Motherhood: The Second Oldest Profession*):

> La mayoría de las mujeres se convierte en madre por accidente, algunas otras son madres porque así lo decidieron, otras por presión social o por hábito. Cualquiera que sea el motivo, en estos 12 meses cerca de 10 mil mujeres serán madres de un niño con alguna discapacidad o deficiencia intelectual. ¿Alguna vez se ha imaginado cómo esas madres fueron elegidas? En cierta forma yo visualizo a Dios en la Tierra seleccionando sus instrumentos con inmenso cuidado. Visualizo a Dios que observa, instruye a sus Ángeles que anoten en sus enormes registros algo así como:

> San Mateo será el Santo Patrón del hijo de Betty. Santa Cecilia será la Patrona de los papás de los Forres. A los gemelos de Carrie los protegerá San Gerardo.

> Finalmente, El Señor le pasa un nombre a un Ángel y sonríe diciendo: Dale a ella un niño con discapacidades.

> A su vez, el Ángel le pregunta: ¿Por qué a ella mi Dios? Ella es muy feliz.

Dios responde: Exactamente, ¿podría yo darle un niño con alguna deficiencia intelectual a una madre que no sabe reír? Eso sería muy cruel.

¿Pero tiene ella paciencia?, pregunta el Ángel.

Dios responde: Quiero que tenga mucha paciencia, de otro modo se hundirá en el mar de la autopiedad y la desesperanza una vez que pase el "shock" y el resentimiento. Hoy la vi, tiene un sentido de independencia en ella misma, algo bien raro y no necesario en una madre. El niño que voy a darle tiene su propio mundo, ella tiene que hacer que el niño viva y disfrute en el mundo de ella y eso no va a ser fácil.

Pero mi Señor, yo no creo, incluso, que ella cree en Ti.

Dios sonríe diciendo: No importa, eso lo puedo arreglar. Mira, aquí está, ella es perfecta. Es lo suficiente egoísta.

El Ángel sorprendido: ¿Es el egoísmo una virtud?

Dios asiente: Sí, ella no podrá separarse ocasionalmente de su hijo. Sí; aquí está la mujer a quien bendeciré con un niño con discapacidades. Ella todavía no se ha dado cuenta, pero es un ser envidiado. Ella nunca recurrirá a una palabra hablada. Nunca considerará un paso como ordinario. Cuando su hijo diga "Mamá" por primera vez, será testigo de un milagro y sábelo, cuando describa un árbol o un ocaso a su hijo, lo verá como pocas personas hayan visto mis creaciones. Yo le permitiré ver claramente las cosas. Ella estará por encima de la ignorancia, la crueldad y los prejuicios. Nunca estará sola, estaré a su lado cada minuto de cada día de su vida, porque está haciendo mi trabajo como si estuviera aquí a mi lado

Y, ¿qué pasa con su Santo Patrón?, pregunta el Ángel.

Dios sonríe y dice: Un espejo será suficiente.

Preguntas y respuestas

Mi querido lector o lectora especial, permítame compartir algunas de las preguntas más frecuentes que formulan los padres de familia especiales:

Mi hijo, quien tiene deficiencia intelectual, ha venido utilizando los servicios de Lenguaje de Señas. Sin embargo, en la nueva escuela se niegan a proveerle el servicio. Durante el IEP de mi hijo, la especialista de lenguaje me dijo que no era necesario, por ello solo propuso una hora al mes de terapia de lenguaje. Yo creo que necesita más horas porque le ha sido de mucha utilidad.

En este caso particular debemos hacer referencia al primer principio de IDEA que habla de una educación apropiada y gratuita, FAPE. Si usted considera que el lenguaje a señas es lo más adecuado para su hijo, mi sugerencia es que haga valer ese derecho y el de su hijo, recuerde que la ley está de su lado. En ocasiones, las escuelas no tienen el personal adecuado para las necesidades del niño, y por ello niegan el servicio o dicen que no es necesario.

Ante todo, no deje que finalice el documento del IEP hasta que usted esté confiado en que los servicios de lenguaje van a ser los que su hijo necesita. Si es necesario, convoque a otra reunión de IEP. Recuerde, si usted NO está de acuerdo con los términos de la educación de su hijo, o con la evaluación de los especialistas, no tiene porqué firmar el IEP. Sin su firma no puede concluirse. Ahora bien, en la reunión, solicite que se escriba en el IEP que su hijo necesita servicio de Lenguaje de Señas, reforzado con lenguaje hablado (si es el caso). Por lo tanto, va a necesitar, por ejemplo, una hora a la semana sujeto a negociar hasta tres horas al mes. En caso de no ser autorizado, NO firme el IEP, y solicite una cita con la directora, porque todo indica que la escuela está quebrando la ley IDEA. Es decir, hay una **violación de la ley IDEA**, situación que debe ser seguida por un proceso legal al que usted tiene derecho. Eso debe quedar estipulado en el IEP.

Ante su requerimiento, la escuela o el distrito deberán proveerle los servicios a su hijo. En caso contrario, usted puede iniciar un juicio en contra de la escuela a través de alguna organización local de apoyo a las comunidades. Recuerde que la ley está de su lado.

¿Cómo motivar que mi hijo con autismo haga sus tareas por las tardes y mejore sus calificaciones en educación general?

Por lo regular, los niños con autismo requieren de una educación estructurada. Es decir, de una agenda de actividades a seguir, así como de apoyo para que se establezca una rutina, tanto en la escuela como en la casa. Mi recomendación es que en colaboración con el o la educadora de su hijo, se defina una "Agenda de Actividades para la Tarde", la cual usted supervisará. Esta agenda se colocará en un lugar visible, ya sea en el refrigerador o en la recámara del niño. Al final del día, antes de dormir, su hijo marcará con una "X" cada actividad realizada. Por ejemplo:

Lunes-Viernes Agenda para la Tarde

Hora/PM	ACTIVIDAD	CHECK Padre	Lunes 3/	Martes 3/	Miércoles 3/	Jueves 3/	Viernes 3/
3:00 - 4:00	Decir "Hola"	X					
4:15 - 5:30	Limpiar mi cuarto	X					
5:30 - 6:30	Tarea	(firma)					
6:30 - 7:00	Computadora (premio)						
7:00 - 7:30	Cena						
7:30 - 8:00	Bañarse						
8:00	Dormir						

¿Cómo puedo obtener copia del IEP de mi hija en español?

De acuerdo con la ley IDEA, las escuelas públicas están obligadas a respetar la diversidad cultural de padres e hijos. Por ello, los distritos cuentan con servicios de intérpretes para ayudar en las reuniones que tengan lugar. Así también, los distritos cuentan con servicio de traducción de IEP en los idiomas más frecuentes de esa localidad.

Le recomiendo que antes de que concluya la reunión del programa anual de su hija, solicite que quede estipulado en el IEP que usted recibirá, a más tardar en tres meses, copia de su documento en español.

¿Dónde puedo obtener información sobre las actividades vocacionales de mi hijo para después de la *high school*?

Por lo general, el especialista de transición hacia la etapa adulta de la *high school* o preparatoria, orientará a los padres

158

sobre las agencias locales de empleo o de rehabilitación, según sea el caso. De igual manera, por lo regular, cada año se organiza una **Feria de Transición** donde se reúnen las agencias locales para informar sobre los programas que se llevarán a cabo.

Le recomiendo que solicite una reunión con el especialista de transición, y si es el caso, con un intérprete, para hablar sobre las agencias locales de trabajo o rehabilitación. Solicite también información sobre la feria anual de transición en su localidad y acuda a esta. Así tendrá una mejor idea sobre las actividades de su hijo en el futuro.

Mi hija está atendiendo, en su escuela secundaria, a clases de educación especial, y de educación general. En la última evaluación, mi hija mejoró en lectura, sin embargo me dicen que tiene problemas de comprensión de lectura.

Posiblemente el problema de comprensión se debe a una falta de vocabulario en inglés. Eso es común en alumnos en los que el inglés es el segundo idioma, porque aún no están familiarizados con el significado de las palabras. Aquí, mi sugerencia es que su hija trabaje en la lectura, que lea libros, historietas, novelas, con temas que le gusten. Usted y su maestra le pueden ayudar a hacer un banco de palabras. Esto es, a identificar las palabras nuevas, escribir su significado en sus propias palabras o dibujar el significado de la palabra nueva en tarjetitas. Así la niña comprenderá los conceptos y el vocabulario que la ayudarán a mejorar la lectura. De igual manera, pídale a la maestra que trabaje en lectura de comprensión. Usted, en su casa, la puede ayudar también en lectura de comprensión preguntándole de qué se trata lo que está leyendo, cuáles son los personajes más importantes, dónde tiene lugar la historia, etc. Todo ello ayudará a su hija a aprender las técnicas más comunes para la comprensión de la lectura.

¿Cómo puede mi hijo participar en los Juegos Olímpicos Especiales?

Casi siempre en cada ciudad hay agencias de esta organización. La edad mínima para participar es 8 años. Las agencias de los Juegos Olímpicos Especiales registran a los niños o niñas para competir y divertirse durante todo el año. Mi sugerencia es que revise en Internet la ubicación de la agencia más cercana, solicite una entrevista con la persona encargada en la localidad, y después solicite una inscripción para su hijo además del programa de actividades. Generalmente se requiere un examen médico por parte del doctor del niño o la niña. Identifique con su hijo el deporte que más le guste. Empiece a practicar, a competir y a pasarla ¡bien! Por lo regular en esa organización hay voluntarios que hablan español.

Cuando voy con mi hija, que tiene parálisis cerebral, a reuniones de familia o de amigos, me molesta cuando se acercan niños, la ven y me preguntan por qué no habla, o por qué está así. A veces no sé qué decir. ¿Cuál es la mejor forma de contestar?

En principio, permítame decirle que la discapacidad es algo natural entre nuestras comunidades, por ello debe ser vista como tal. Todos somos diferentes, todos somos únicos, únicas. Nadie es igual. Así también, debemos hacerles entender a los demás que las personas nos comunicamos de diferentes formas, no necesariamente hablando. Por ejemplo, usted entiende las necesidades de su hija, sabe cuándo está contenta o cuándo no. Usted y su hija se comunican.

En cuanto a las preguntas de los niños, ellos no ven la discapacidad como los adultos, quienes las enmarcan en estereotipos dados por la sociedad. Así que cada vez que le pregunten, va a tener la oportunidad de enseñarles que la discapacidad es algo natural, que es simplemente otra manera única de ser y de interactuar con los demás. Les puede decir, precisamente, que su hija no habla pero que sí **se comunica de manera única.** Además, les puede decir lo que su hija pudiera comunicarle a usted o a los niños en ese momento. Les puede decir que su hija está contenta de estar ahí conociendo a esos niños. Por otro lado, dé a los niños la tarea de aprender a comunicarse con su hija (bajo su supervisión); ella se lo va a agradecer. Por cierto, su hija siempre le va agradecer que la lleve a reuniones sociales. Así que, disfrute su tarde, sus amigos y la fiesta.

¿Qué es el programa *CIRCLES* y cómo ayuda a los adolescentes?

CIRCLES o CÍRCULOS es un programa que se puede llevar a cabo de manera complementaria al programa de educación especial de los alumnos o alumnas. Consiste en técnicas para introducir a los jóvenes al mundo social. Utiliza estrategias de aprendizaje muy variadas para enseñar lo que se espera de ellos al relacionarse con familiares, amigos y con el novio o la novia. Es un programa muy bien estructurado para jóvenes de educación especial, creado por Leslie Walker-Hirsch y

Marklyn Champagne. Leslie es profesora en la Universidad de Nuevo México. En cuanto a los materiales, el programa incluye videos, historietas y otros apoyos visuales muy útiles para propiciar la discusión en pequeños grupos sobre los diferentes tipos de relaciones interpersonales y su respectiva forma de interacción social. Los "círculos" están representados por un arco iris muy grande, donde cada banda de color representa un tipo de relación interpersonal y nos dice el tipo de interacción social que se espera. Por ejemplo, el círculo morado representa propiamente al alumno o alumna y a la relación con sí mismo, su propio concepto. Aquí, la dinámica de trabajo de grupo, consiste en reflexionar de manera divertida lo que significa "su" individualidad, la manera de cuidarse, sus gustos y todo lo que los hace ser únicos. El siguiente círculo es verde, se refiere a la relación con la familia, con quiénes conviven, abrazan y tocan de una manera no romántica. Ahí mismo podemos poner un corazón que representa el posible amorcito. El material sirve para comentar-reflexionar sobre la relación de novio-novia sin presionar a nadie, de alguna manera el video sugiere que los jóvenes se relacionen con alguien de la misma edad.

Es muy importante dejar muy claro que en una relación romántica, las dos personas deben estar de acuerdo en aceptarla y sentirse a gusto. También muestra la importancia de una relación que considera la seguridad de sí mismo y la de los demás. Los siguientes círculos corresponden a los demás tipos de interacciones, donde se incluyen también a los desconocidos con los que en ocasiones debemos tratar, ya sea en el trabajo o en la comunidad. El programa en sí es muy divertido y educacional, está diseñado para jóvenes con discapacidades. Uno de los requisitos para participar es la autorización de los padres, quienes facilitarán fotos de los familiares más cercanos y también las de aquellos con los que el alumno se relaciona alguna que otra vez.

Apéndices

Fuentes útiles de información

Apéndice 1: Introducción
Fundación Alpe Acondroplasia:
http://www.fundacionalpe.org/

Bienvenidos a Holanda, por Emily Perl Kingsley:
http://www.downsyndromeinfo.org/Websites/downsyndro
meinfo/Images/BienvenidosaHolanda.pdf
http://www.netcom.es/acondro/social/holanda.htm

Apéndice 2: Efectos psicológicos en padres de familia especiales
Parent Helping Parents:
http://www.php.com/search/node/Spanish

Exceptional Parents Unlimited:
http://www.exceptionalparents.org/indexSp.html

Disability is Natural (La Discapacidad es Natural):
http://www.disabilityisnatural.com/resources

Centro para Padres de Familia, PACER:
http://www.pacer.org/translations/spanish.asp

Oficina de los Derechos Civiles. Preparación para la
educación postsecundaria para los estudiantes con
discapacidades. Conozca sus derechos y responsabilidades:
http://www2.ed.gov/about/offices/list/ocr/transition-sp.html

Lenguaje que pone primero a la gente, por Kathie Snow
http://www.sccoe.k12.ca.us/programs/inclusion-collaborative/docs/Spanish.pdf

Apéndice 3: Reseña histórica.

Consejo de Niños Excepcionales: http://www.cec.sped.org

Head Start   http://www.acf.hhs.gov/programs/ohs/

ADA, Ley de Americanos con Discapacidades:
http://www.america.gov/st/washfile-spanish/2006/June/20060609173901JMnamdeirf0.5009729.html

ADA http://www.eeoc.gov/spanish/ada/adahandbook.html

Juegos Olímpicos Especiales:
http://resources.specialolympics.org/Sections/Spanish/Informacion-General.aspx

Apéndice 4: Fuentes de información sobre IDEA

Sobre la Ley IDEA:
http://www.nichcy.org/spanish/idea/Pages/default.aspx

Como una idea se hace ley:
http://www.leg.state.or.us/comounaidea.htm

Información sobre IDEA:

http://www.ade.az.gov/ess/resources/forms/ProceduralSafe
guardsNotice-Spanish.pdf

FERPA:

http://www2.ed.gov/policy/gen/guid/fpco/ferpa/index.html

Apéndice 5. Excepcionalidades definidas por IDEA

Autism Society (Sociedad de Autismo Español):

http://www.autism-society.org/espanol/

La Asociación Alexander Gram. Bell para personas con
sordera y dificultades para escuchar: www.agbell.org

Distrofia muscular y parálisis cerebral:

http://kidshealth.org/teen/en_espanol/enfermedades/muscul
ar_dystrophy_esp.htm

Espina bífida:

http://espanol.ninds.nih.gov/trastornos/espina_bifida.htm

Síndrome de déficit de atención:

http://cyberpediatria.com/tremendo.htm

Qué es la dislexia: http://www.saludalia.com

Qué es la dislexia, disgrafía, discalculia:

http://problemasaprendizaje.tripod.com/id11.htm

Qué es la dispraxia:

http://www.salud.com/enfermedades/dispraxia.asp

Trastornos del habla:
http://www.nichcy.org

OSERES, Oficina de Educación Especial y Servicios de Rehabilitación. Estados Unidos:
http://www2.ed.gov/about/offices/list/osers/products/opening_doors/espanol.html

Apoyando a jóvenes sordos e invidentes en sus comunidades, por Dra. Jane M. Everson:
http://www.libreacceso.org/downloads/apoyando_a_adultos_jovenes_all.doc

Congreso Nacional de Síndrome de Down .Grupos de apoyo para familias hispanas:
http://www.ndsccenter.org/espanol/recursos_grupos.php

Autismo. Manitas por Autismo:
http://www.manitasporautismo.com/index.html

Autismo. Fuentes de información:
http://www.autismnj.org/ResourceEnEspanol.aspx

Autismo. Grupos de Apoyo:
http://www.autismnj.org/SupportGroups.aspx#hudson

Centro Nacional de Diseminación de Información para Niños con Discapacidades:
http://www.nichcy.org/spanish/discapacidad/Pages/default.aspx

Centro de Control de Enfermedades:
http://www.cdc.gov/spanish/

Clínica Mexicana de Autismo:
http://www.clima.org.mx/index.html

Instituto Nacional de Neurología (EEUU):
http://espanol.ninds.nih.gov

Institutos Nacionales de Salud (EEUU):
http://salud.nih.gov/

Sociedad Nacional para Tumor Cerebral (EEUU):
http://www.braintumor.org/en-espanol/

 http://www.braintumor.org/patients-family-friends/about-brain-tumors/publications/spanish-services_final_10-10.pdf

Psicología de la educación para padres y profesionales:
http://www.psicopedagogia.com/aprendizaje

Problemas de Aprendizaje (LD Online):
http://www.ldonline.org/espanol

Departamento de Educación (EEUU):
http://www2.ed.gov/espanol/bienvenidos/es/idea.html

Comunidad y Salud:
http://espanol.hesperian.org/index.php

Publicaciones sobre cómo ayudar a niños invidentes:
http://www.hesperian.org/publications_download_ciegos.php

Apéndice 6: Educación Especial
Qué es la educación especial:
http://www.monografias.com/trabajos15/educacion-especial/educacion-especial.shtml

Educación especial en Puerto Rico:
http://edicacionespecialpr.tripod.com/id46.html

Centro para Padres, Acrónimos y Agencias en Inglés/Español:
http://www.parentcenternetwork.org/assets/files/ALL48s.pdf

Educación especial en escuelas:
http://www.spannj.org/Spanish/educacion_especial_en_las_escuel.htm

El Cisne. "La alfabetización de niños con discapacidad intelectual leve":
http://www.elcisne.org/ampliada.php?id=653

El Cisne: http://www.elcisne.org/index.php

Estrategia para la enseñanza del Sistema Braille en niños con discapacidad visual
http://www.educando.edu.do/sitios/EducacionEspecial/res/PRACTICAS/estrategiasparalaenseanzadel.pdf

Family Connect. "Ayudar a tu hijo a desarrollar destrezas de alfabetización":
http://www.familyconnect.org/parentsite.asp?SectionID=96&TopicID=432&DocumentID=5048

Apéndice 7: La influencia de la sociedad en la definición de las discapacidades

Consejo Nacional de Vida Independiente / National Council of Independent Living
http://www.ncil.org/resources.html#youth

Derechos civiles. Favor de ir a la página y seleccionar el código postal o *area code* en inglés para ver los programas locales http://www.ncil.org/news.html,

Departamento de Niños y Servicios Familiares, DCFS. Para denunciar cualquier abuso en niños-niñas, jóvenes:
http://dcfs.co.la.ca.us/contactus/abuso_infantil.html

"Prevención, Identificación y Reporte del Abuso en Niños":
http://www.ucsfchildcarehealth.org/pdfs/Curricula/CCHA/12_CCHA_SP_ChildAbuse_0506_v4.pdf

Cómo reportar el Abuso y Abandono de Menores. Gobierno de EEUU
http://www.childwelfare.gov/preventing/overview/reportar.cfm

Apéndice 8: Educación especial y adolescencia

Sólo para adolescentes.

http://www.calstat.org/publications/pdfs/05fallSinsert.pdf

Proyecto Visión: Una página bilingüe de la red para jóvenes con discapacidades.

http://www.proyectovision.net/spanish/news/42/jan.html

Oportunidades de empleo:

http://www.ncil.org/job.html

Abreviaciones y acrónimos útiles en el mundo de la Educación Especial

Abreviación	*Inglés* /Español	Significado
ACF	*Administration for Children & Families* Administración para niños y las familias	Es una agencia del gobierno de Estados Unidos para el mejoramiento de la seguridad, dignidad y bienestar de niños, jóvenes y las familias.
APE	*Adapted Physical Education* Terapia Física Adaptada	Es un servicio coordinado de apoyo considerado como componente educativo, en el cual terapeutas escolares trabajan con los alumnos, alumnas que presentan problemas de movilidad y coordinación de movimientos.
ASL	*American Sign Language* Lenguaje de Signos Americano	Método de comunicación mediante el uso de las manos y gestos.
AT	*Assistive technology* Asistencia Tecnología	Cualquier dispositivo, aparato o equipo adquirido o hecho a la medida que permita incrementar y mantener las capacidades funcionales de individuos con discapacidades.
ADD	*Attention Deficit Disorder* Trastorno de Déficit de Atención	Trastorno de conducta que incluye problemas de atención e impulsividad. Posible dificultad para relacionarse con otros.
ADHD	*Attention Deficit Hyperactivity Disorder* Trastorno de Hiperactividad	Trastorno de conducta incluye falta de atención, impulsividad e hiperactividad.

	con Déficit de Atención	
BIP	*Behavior Intervention Plan* Programa de Intervención de Conducta	Es un plan diseñado para enseñar conducta apropiada e interacciones sociales. Debe ser siempre establecido premiando la conducta esperada del alumno y de esta forma ir mejorando la conducta. .
CP	*Cerebral palsy* Parálisis Cerebral	Falta de control de movimiento y postura como resultado de un daño cerebral durante la vida embrionaria del bebé El área del cerebro afectada ayuda a determinar el tipo de parálisis cerebral.
DOH	*Department of Health* Departamento de Salud	Es una agencia de gobierno cuya misión es promover la salud y prevenir enfermedades y alguna discapacidad en menores.
EA	*Educational Assistant* Asistente Educativo	Personal de la escuela que trabaja con los alumnos, alumnas con la supervisión de los educadores.
ESL	*English as a Secondary Language* Inglés como Segundo Idioma	Es la instrucción del inglés a personas cuyo idioma materno es diferente.
FERPA	*Family Education Rights & Privacy Act.* Ley de Derechos y Privacidad en la Educación para la Familia	Es una ley federal que protege la privacidad de la información y registros de los alumnos
FAPE	*Free Appropriate Public Education.* Educación Pública Apropiada	La escuela debe proveer un programa educativo individualizado que garantice los servicios y el aprendizaje de los alumnos, alumnas. El programa educativo debe

173

		cubrir las necesidades únicas del alumno, alumna.
IFSP	*Individual Family Service Plan* Plan de Servicio Familiar	Es un documento oficial que indica el plan y servicios de Intervención Temprana tanto para el niño, niña como para la familia. Se basa en las prioridades familiares.
IEP	*Individualized Education Program* Programa Educativo Individual	Es un documento legal sobre el presente nivel de desarrollo del alumno, alumna así como el plan de instrucción y servicios coordinados a llevar acabo anualmente de acuerdo a IDEA
IDEA	*Individuals with Disabilities Education Act* Ley de Educación para individuos con Discapacidades.	Ley federal encargada de proveer servicios de intervención temprana y educación especial para niños, niñas desde el nacimiento hasta los 21 años.
LRE	*Least Restrictive Environment* Mínimo Ambiente Restringido	Es un principio de la ley IDEA que indica que el alumno, alumna deberá participar en lo posible en clases de educación general.
MDT	*Multi-Disciplinary Team* Equipo Multidisciplinario	Es el equipo escolar que hace recomendaciones para elaborar el programa educativo anual del alumno, alumna. Está conformado por personal representativo de la directora/director, maestros de educación general, educación especial, terapeutas. Debe incluir la participación de los padres o representantes legales de los alumnos, alumnas.
NCLB	*No Child Left Behind*	Mandato legal que

174

	Ningún Niño Dejado Atrás	garantiza la profesionalidad de educadores para expedir licencias para educar.
OT	*Occupational Therapy* Terapia Ocupacional	Componente de servicio coordinado como parte de la educación del alumno. Consiste en llevar a cabo actividades que apoyen en la coordinación de movimiento y seguimiento de pasos en determinadas tareas.
OCR	*Office of Civil Rights* *Oficina de los Derechos Civiles*	Agencia de gobierno federal encargada a defender los derechos de los individuos, que prohíbe la discriminación en base a color, raza, sexo, origen nacional, discapacidad y estrato socioeconómico
PT	*Physical Therapy* Terapia Física	Componente de la educación especial orientado mejorar las habilidades físicas de los alumnos, alumnas a través de actividades que fortalecen el control muscular y la coordinación de movimientos.

Referencias bibliográficas

Beirne-Smith, M., Patton, J. R., Kim, S. H.(2006) *Mental retardation. An introduction to intellectual disabilities*, 7ᵗʰ ed. Upper Saddle River, NJ: Merrill Prentice Hall, 2006: 318-325.

Belmas, P. (2006) *Les enjeux européen de la formation des enseignants pour une école inclusive*. Paris: UNESCO, 2006: 21-25

IDEA. (2004) The Individual with Disabilities Education Improvement Act. Committee Report. (Amendments to the Individuals with Disabilities Education Act of 1997) Parts A and B only. Discussion document. USA. Texas Education

Luckasson, R. (2006). The Human Rights. Basis for Students Personal Empowerment in Education. In E. B. Keefe, V. M. Moore, and F. R. Duff: *Listening to the Experts. Students with Disabilities Speak Out*. Baltimore, MD: Paul H. Brookes.

UNESCO (1994) *The Salamanca Statement on Principles, Policy and Practice in Special Needs Education*. Salamanca, Spain.

Walker-Hirsch, L. (2007) *The facts of life...and more. Sexuality and Intimacy for People with Intellectual Disabilities.* Baltimore, MD: Brookes.

Wilmshurst, L., Brue, A. W(2010) *The Complete Guide to Special Education.* 2nd Edition. San Francisco CA: Jossey-Bass Teacher.

Sobre la autora

Amalia Tomlinson, como maestra de educación especial ha venido promoviendo la participación de alumnos, alumnas con discapacidades en la comunidad local y escolar a la que pertenecen. Es miembro de la Asociación Americana para personas con Deficiencias Intelectuales y de Desarrollo

(American Association on Intellectual and Developmental Disabilities) y del Consejo para Niños Excepcionales (Council for Exceptional Children)

Anteriormente, trabajó como maestra de español en escuelas públicas de Chicago, al mismo tiempo como educadora para adultos sobre los derechos de los trabajadores. En México, fue co-fundadora de la Fundación Mexicana para la Investigación, Vivienda, Población y Ambiente. IDEVIPA orientada a la organización y conducción de talleres para adultos diseñados a mejorar el entorno de los habitantes en comunidades de Latinoamérica. Se graduó como psicóloga de la Universidad Nacional Autónoma de México. Posteriormente en la Universidad Católica de Lovaina, Bélgica obtuvo la maestría en planeación comunitaria y en Estados Unidos obtuvo la maestría en educación especial en la Universidad de Nuevo México.

Para contactar a la autora: idevipa@yahoo.com

www.ingramcontent.com/pod-product-compliance
Lightning Source LLC
Chambersburg PA
CBHW072006040426
42447CB00009B/1511